국립과천과학관 어린이 과학 시리즈

글 국립과천과학관 박진녕 그림 김정진

글 | 국립과천과학관 박진녕

아이들이 과학을 즐겁게 학습할 수 있도록 교구, 전시품 등의 콘텐츠를 개발하는 디자이너입니다. 산업 디자인과 인터랙션 디자인을 전공하고 과학관에서 교육, 전시 등 다방면에 디자인을 적용해 관람객의 경험을 개선하고자 노력하고 있습니다. 이 책에서는 오토마타 전시를 기획하며 조사한 내용을 흥미로운 이야기로 풀어내고자 했습니다. 그림을 그리고 만들기를 좋아하는 아이들이 로봇과 함께 사는 미래를 꿈꾸는 데 이 책이 도움이 되길 바랍니다.

그림 | 김정진

세상 곳곳의 이야기에 그림 그리는 일을 사랑합니다. 경기대학교에서 서양화를 전공하고, 같은 학교 대학원을 졸업했습니다. 한국출판미술대전에 여러 차례 입상했고, 한국어린이그림책협회 회원으로 활동하고 있습니다. 그린 책으로는 『니체의 짜라투스트라는 이렇게 말했다』, 『파랑머리 할머니』, 『데미안』, 『힘센 방귀 주인은 나야』 외 다수가 있습니다.

사이다 시리즈는

과학을 뜻하는 '사이언스(Science)'와 모두를 뜻하는 '다'를 합친 말입니다. '과학의 모든 것', '톡 쏘는 사이다처럼 톡톡 튀는'이라는 뜻을 담고 있죠. 강하게 발음하면 '싸이다'가 되는데, '과학적 지식이 점점 쌓인다.'라는 의미도 있습니다. 이 모든 의미 위에 과학과 독자 '사이'를 잇고자 하는 마음을 듬뿍 담았습니다.

국립과천과학관 어린이 과학 시리즈

과학이 톡톡 쌓이다!
사이다 ⑤
Sci-da
글 국립과천과학관 박진녕 그림 김정진
로봇x피노키오

20세기에 가장 중요한 능력은 문해력, 즉 글자를 읽는 능력이었습니다. 읽을 줄 알아야 자신의 이익을 지키면서 교양을 갖춘 문화인으로 살 수 있었기 때문이죠. 21세기인 지금은 과학을 이해하며 즐길 수 있는 문해력이 더해져야 합니다. 과학 문해력은 단순히 현상과 공식을 보는 행위가 아니라 사실을 오해 없이 받아들이고 실제로 이해하는 능력입니다.

많은 사람들이 과학은 어렵다고 말합니다. 정말입니다. 과학은 어렵습니다. 그런데 과학만 어려운 것은 아닙니다. 역사도 어렵고 예술도 어렵고 경제, 철학, 지리, 문학 모두 어렵습니다. 그런데 왜 과학만 유독 어렵다고 느낄까요?

언어가 다르기 때문입니다. 다른 분야는 우리가 평소에 사용하는 자연어로 쓰여 있어 아무리 어려워도 읽을 수 있습니다. 하지만 과학은 수학이라는 비자연어를 사용합니다. 언어가 달라서 유독 어렵게 느껴지는 것이죠.

모든 사람이 과학자가 될 수도 없고 그럴 필요도 없습니다. 하지만 과학 문해력은 21세기의 핵심 능력입니다. 그 능력을 키워 줄 사이언스 커뮤니케이터가 직업인 과학자들이 모여 있는 곳이 있습니다. 바로 과학관입니다. 과학관의 과학자들은 전시와 교육을 통해서 과학 문해력을 높이는 일을 합니다.

이를 위해 국립과천과학관의 과학자들이 새로운 시도를 하였습니다. 어린이들의 과학 문해력을 높이는 글을 써서 공개한 것입니다. 어린이들이 궁금해하고 알아야 할 과학 지식을 재미있는 동화와 이야기 형식으로 풀어냈습니다. 여기에 상상아카데미가 글을 엮고 그림을 더하여 어린이들을 위한 과학 도서 '사이다' 시리즈를 만들었습니다.

'사이다'는 과학을 뜻하는 '사이언스(Science)'와 모두를 뜻하는 '다'를 합친 말로, '과학의 모든 것', '톡 쏘는 사이다처럼 톡톡 튀는'이라는 뜻을 담고 있습니다. '사이다' 시리즈에서 과학의 모든 것을 만나 보세요. 톡톡 튀는 사이다처럼 시원하게 즐기는 동안 과학 지식이 차곡차곡 쌓이고 과학 문해력이 껑충 뛰어오르는 경험을 하게 될 것입니다.

과학은 이제 문화입니다. 과학 문해력이 높아질수록 우리 어린이들이 살아갈 사회도 더 합리적으로 작동하게 될 것입니다. '사이다' 시리즈로 명랑 사회를 구현합시다.

2022년 6월
이정모(국립과천과학관장)

차례

펴내는 글 — 4
등장인물 — 8

1. 다시 깨어난 피노키오
여기가 어디지? — 12
내 모습이 우울해 — 22
새 가족이 생겼어 — 28
`기술키움 연구소` 인간은 언제부터 로봇을 상상했을까? — 36

2. 움직이는 자동 인형
스스로 움직이는 기계 — 40
오토마타의 등장 — 48
우리나라에도 오토마타가 있었다고? — 52
`기술키움 연구소` 오토마타는 어떻게 움직일까? — 58
피리 연주도 할 줄 알아! — 60
`기술키움 연구소` 원숭이 오토마타 만들기 — 64

3. 오토마타가 단순하다고?
갑옷을 입은 장군! — 68
차 한 잔 따라 줄까? — 72

플루트 연주를 들려 줄게	75
글을 쓰고, 그림도 그려	78
뻐꾹 뻐꾹 노래도 불러	82
랄랄라, 오르골 소리	85
기술키움 연구소 오리 오토마타 만들기	92

4 키네틱 예술 학교에 가다!

이런, 지각이야!	96
모빌도 오토마타야	100
바람과 물로 움직이는 오토마타	108
예술에서 과학으로, 과학에서 예술로!	112
기술키움 연구소 모빌 오토마타 만들기	118

5 로봇의 미래는?

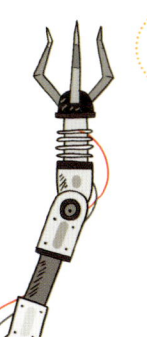

안녕, 난 휴보야!	122
내 능력을 보여 줄게	130
로봇이 하는 100가지 일	135
로봇과 함께	141
오직 하나뿐인 피노키오	146
로봇의 제3원칙	148
기술키움 연구소 기술키움 연구소 오픈 데이	158

등장인물

피노키오

150년 만에 잠에서 깨어난 세계 명작 동화 『피노키오』의 주인공. 나무로 된 한쪽 다리가 불에 타 없어진 채 인형 가게에 전시되어 있던 것을 신명장 할아버지와 기슬이가 발견했다. 신명장 할아버지와 기슬이를 만나 로봇의 세계에 매력을 느끼게 되면서 새로운 꿈을 꾸기 시작한다.

신기슬

기술을 슬기롭게 활용하라는 뜻의 이름을 가진 열 살 소녀로, 신명장 할아버지 연구실에서 보내는 시간을 가장 좋아한다. 호기심이 많은 만큼 참견하는 것을 좋아하여 피노키오를 따라다니며 잔소리를 하기도 한다. 하지만 누구보다 피노키오를 아끼고 자랑스러워한다. 피노키오와 함께 기슬키움 연구소를 운영하며 로봇 공학자를 꿈꾸고 있다.

신명장

세계 최고의 로봇 공학자이자 신기슬의 할아버지. 신명장의 로봇 연구소에서 만들어진 로봇들은 아픈 사람을 고치고, 우주에 가서 자료를 수집하고, 재난 현장에 가서 인간의 생명을 구하는 등 인간에게 도움을 주는 일을 하고 있다. 피노키오에게 로봇 다리를 달아 주고, 로봇과 오토마타에 대해 가르쳐 주며 가족이 되어 간다.

루피

신명장 로봇 연구소를 지키는 강아지 로봇. 신명장의 가장 좋은 친구이자 연구소의 자랑이다. 3년 전에 신명장이 직접 만들었고, 신명장, 신기슬의 어엿한 가족이다.

다시 깨어난 피노키오

나는 몽롱한 상태로 주변을 둘러보았어. 새하얀 벽에 공장에서나 볼 것 같은 크고 묵직한 기계들이 가득했어. 뭔가 차갑고 기분 좋은 느낌은 아니었어. 내가 누워 있는 침대 옆에도 처음 보는 복잡한 금속 물체가 잔뜩 놓여 있었어.

게다가 내 앞에 서 있는 소녀는 내가 깨어난 게 엄청 놀라운 일인 듯 들뜬 표정으로 연신 소리를 질러댔어. 너무 시끄러워 다시 눈을 감고 싶을 정도였지. 그 옆에는 제페토 할아버지와 비슷한 나이로 보이는 할아버지가 나를 보며 인자한 미소를 짓고 있었어. 순간 제페토 할아버지를 다시 만난 것처럼 마음이 놓였지.

"방금 내 이름을 부른 것 같았는데, 혹시 저를 아세요?"
너무 낯선 환경이라 조금 겁이 났지만, 나는 용기를 내어 물었어.
"으악! 할아버지, 피노키오가 자기 이름을 기억하고 있어요!"
소녀는 아까보다 더 놀란 듯 더 크게 소리를 질렀어. 거의 비명에 가까웠어. 내가 내 이름을 아는 건 당연한 일이잖아. 그런데 저렇게 호들갑을 떨다니. 그나저나 여기는 어디지? 나는 여기에 왜 있는 거지?

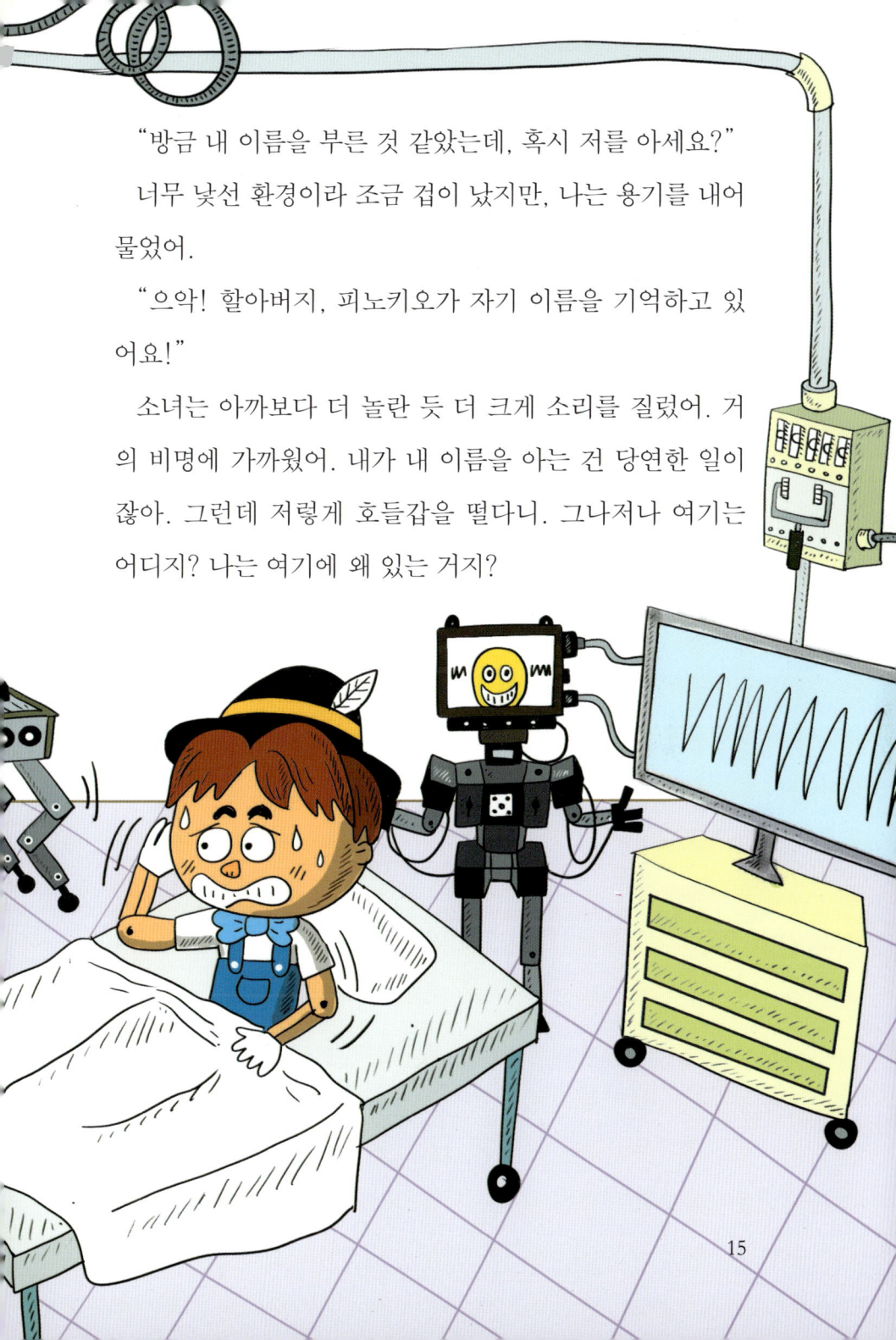

할아버지는 다정한 눈빛으로 나를 보시더니 천천히 이야기를 시작하셨어.

"내 이름은 신명장이란다. 방금까지 너의 고장 난 몸을 돌보고 있는 중이었지."

순간 제페토 할아버지가 나를 이곳으로 데려왔을지도 모른다는 생각이 들었어.

"신명장 할아버지라고요? 혹시 저희 제페토 할아버지를 아세요? 그리고 뭐라고요? 내 몸이 고장 났다고요?"

"너… 너, 방금 제페토 할아버지라고 한 거지? 할아버지, 할아버지, 피노키오가 기… 기억을, 기억을 하나 봐요!"

내 말이 끝나기가 무섭게 소녀는 아까보다 더 크게 비명을 질렀어. 소리가 얼마나 큰지 하마터면 기절할 뻔했지 뭐야!

내가 내 이름을 아는 것과 제페토 할아버지의 이름을 아는 게 왜 놀라운 일인지 오히려 내가 더 묻고 싶었어. 어쨌든 내 이름과 우리 할아버지를 알고 있는 걸 보니, 나쁜 사람들은 아닌 것 같았어.

나는 일단 침대에서 일어나야겠다 싶어서 몸을 살짝 움직였어. 그런데 쇠가 서로 부딪히는 소리가 나는 게 아니겠어?

"피노키오야, 진정하고 내 말을 들어 보렴. 무엇보다 네 다리는 더 튼튼하고 강해졌으니 안심해도 된단다."

신명장 할아버지는 손녀인 기슬이와 함께 오래된 인형을 파는 상점에 갔다가 나를 발견했대. 당시 나는 나무 다리 하나가 불타 버려 한쪽 다리만 있던 상태였대. 팔도 꺾여 있고, 고개도 제대로 들지 못한 채 상점 구석에 놓여 있었다고 했지. 할아버지는 그런 나한테 이상하게 마음이 끌렸대. 무엇보다 기슬이가 사 달라고 계속 조르는 바람에 결국 나를 데려오게 되었다고 했어. 그러고는 불타 버린 내 다리를 금속으로 고쳐 주었다고 했어.

기슬이는 아직까지도 내가 깨어난 것이 신기한 듯했어. 나를 보고 또 보며 할아버지에게 이것저것 계속 물어보더라고!

"피노키오가 거짓말을 하면 코가 길어지겠죠?"

"글쎄다. 피노키오가 예전 기억을 갖고 있으니 두고 봐야겠구나."

"할아버지, 동화에 나온 모험은 진짜겠죠? 동화에서 피노키오가 여우와 고양이에게 금화를 내놓지 않은 건 잘한 일이에요. 하지만 금화를 강도에게 도둑 맞았다고 거짓말했으니 피노키오에게는 돈을 주면 안 될 것 같아요."

"허허. 우리 기슬이는 정말 피노키오 동화를 좋아하는구나! 내용을 모두 꿰고 있네."

"그럼요, 제가 『피노키오』를 얼마나 재미있게 읽었는데요. 할아버지, 동화에서 피노키오는 대단한 말썽꾸러기였으니 이번에 같이 지내면서 또 어떤 일이 벌어질지 기대되는데요? 골치 아픈 일도 생기겠죠?"

"하하. 피노키오에게 직접 물어보지 그러니?"

"더 친해지면 물어볼래요. 그때까지는 참죠, 뭐!"

"그만, 그만! 궁금하면 나한테 직접 물어보라고!"

들자 하니 끝도 없이 내 옛날이야기를 할 것 같아서 한마디했어. 저 소녀에게 내가 장난감 나라에서 당나귀로 변한 이야기까지는 듣고 싶지 않았거든. 별로 유쾌하지 않은 기억이니까.

내 모습이 우울해

정신을 좀 차리고 나니 나는 내가 있는 이곳이 궁금했어.

"기슬아, 그나저나 여기는 어디야? 금속이 엄청나게 많은데? 난생 처음 보는 신기한 것도 많고."

"우리 할아버지의 연구소야. 할아버지는 세계 최고의 로봇 공학자서. 할아버지가 만든 로봇은 아픈 사람을 고쳐 주는 일을 해. 또 우주에서 자료를 수집하고, 인간이 가기 어려운 재난 현장에서 생명을 구하는 일을 하고 있어."

인간의 생명을 구하는 로봇을 만들었다니 신명장 할아버지는 마음이 따뜻한 분인 것 같아. 신명장 할아버지를 보고 있자니, 제페토 할아버지가 다시 내 앞에 나타난 것만 같아 눈물이 핑 돌았어.

제페토 할아버지와 지낼 때 난 말썽을 많이 부려서 할아버지를 힘들게 했어. 그럼에도 할아버지는 불타 버린 내 다리를 새로 만들어 주셨지. 그리고 오늘 만난 신명장 할아버지가 불타 버린 내 다리를 고쳐 주신 거야. 눈물이 나올 것만 같았는데, 처음 만난 기슬이와 신명장 할아버지에게 약한 모습을 보이기는 싫어서 꾹 참았어.

"그럼 넌 특별하지. 우리 할아버지가 고쳐 주셨으니까!"

기슬이는 할아버지를 무척이나 자랑스러워했어. 커서 할아버지처럼 로봇을 만드는 공학자가 되고 싶다고 했지.

"기슬이는 나의 손녀이자 내가 가장 아끼는 제자란다. 열 살이 되는 올해부터 로봇에 대해 차근차근 배워나가고 있지. 참! 로봇이란 어떤 작업이나 조작을 자동으로 할 수 있는 기계를 말한단다. 인간처럼 움직이고, 어느 정도 인간처럼 생각할 수 있는 로봇도 있지."

"제가 그런 로봇이라고요?"

"흠… 물론 네 다리는 로봇이지만, 너는 원래부터 네 의지대로 움직이니 로봇이라고 하기도 그렇고, 흠…!"

그때 기슬이가 누군가를 반갑게 부르는 소리가 들렸어. 돌아보니 부드러운 갈색빛의 예쁜 강아지였어. 한걸음에 달려와 기슬이 품에 쏙 안겼지. 그런데 가까이에서 보니 내 다리와 비슷한 재료로 만들어졌지 뭐야.

"할아버지, 이건 또 뭐… 뭐예요? 강아지 모습을 하고 있는데, 강아지가 아니네요?"

"루피는 강아지 로봇이란다. 네 다리를 만든 재료와 같은 재료로 만들었지. 벌써 3년이 지났으니 루피도 이제 세 살이구나."

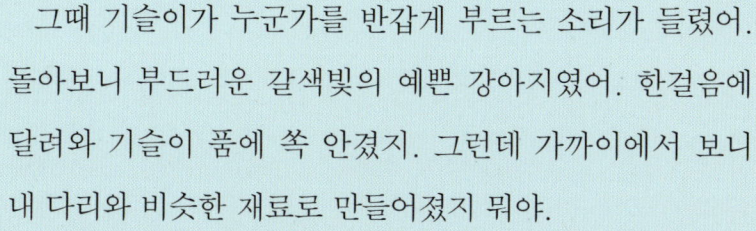

"가… 강아지 로봇이라니!"

"처음 봐서 놀랐구나. 루피는 나의 가장 좋은 친구이면서 우리 연구소의 자랑이야. 앞에 물체가 있으면 피해 다니고, 물건을 집어올 수도 있어. 어라? 루피도 네가 좋은가 봐. 너를 보고 꼬리를 흔드는데?"

기슬이에게 안겨 있던 루피가 나에게 달려와 꼬리를 좌우로 살랑살랑 흔들었어. 살아 있는 강아지만큼 귀여웠지만, 살짝 무섭기도 했어. 강아지를 만들었다니 150년 전에는 상상할 수도 없는 일이잖아!

"저… 저기, 로봇은 뭐든 될 수 있는 거야? 내 다리도 로봇이라고 하고, 강아지도 로봇이라고 했잖아. 혹시 너도 로… 로봇?"

"하하! 로봇은 아까 할아버지가 말씀하신 것처럼 자동으로 움직이는 기계 장치를 말해. 외부에서 조정하거나 내부에 조정 장치가 있어야 움직여. 루피 몸에도, 네 다리에도 조정 장치가 있어서 움직일 수 있는 거야. 내 몸 안에는 조정 장치가 없어. 난 사람이니까."

기슬이의 이야기를 들으니 왠지 루피가 친근하게 느껴졌어. 루피도 내가 자신과 같은 로봇 다리를 가지고 있는 걸 아는 것만 같았어.

로봇이 뭘까?

　로봇이라는 말은 체코의 SF 작가인 카렐 차페크가 희곡에서 처음 사용한 말이야. '만들어진 인간', '일을 하기 위해 제조된 일꾼'이라는 뜻이지.

　인간이 요구한 행동을 처리하고, 인간이 해야 할 일을 자동으로 처리하는 기계 장치를 로봇이라고 해.

　로봇은 쓰임새에 따라서 종류가 다양해. 몸통 없이 팔만으로 주어진 작업을 하는 로봇도 있고, 탐사를 목적으로 만들어진 로봇도 있어. 또 공공장소에서 안내 역할을 하는 로봇도 있고, 청소 및 집안일을 전문적으로 하는 로봇도 있지.

　요즘에는 신명장 연구소의 루피 같이 생명체와 비슷한 로봇도 많아. 곤충처럼 생긴 로봇도 있고, 인간과 거의 비슷한 로봇도 있어. 곧 너도 다양한 로봇 친구들을 만나게 될 거야!

새 가족이 생겼어

나는 혼란스러웠어. 내가 150년 동안이나 잠들어 있었다니 어떻게 그런 일이 가능할 수 있지? 게다가 150년이 지난 뒤 내 다리는 번쩍번쩍 빛나는 은빛의 물체로 바뀌어 있었어.

지금 내 다리는 눈이 부실 정도로 멋진데도 나는 예전 내 나무 다리 생각이 났어. 그래도 다행이야. 다리 빼고는 모든 게 제페토 할아버지가 만들어 주신 그대로니까. 150년이면 썩어서 분해되고도 남았을 시간인데 말이야. 조금 낡긴 했지만 기슬이 말대로 내 상태는 멀쩡했어.

낯선 내 모습을 보고 있으니, 예전 친구들에게 장난감 같다고 놀림을 당하던 때가 생각났어. 그땐 장난감 같은 내 모습이 너무 싫었는데 오늘은 그립지 뭐야!

옛날 생각을 하니 할아버지도 보고 싶고 친구들도 보고 싶고 막 눈물이 쏟아질 것 같더라고. 그때 신명장 할아버지가 나를 향해 손을 내미셨어. 할아버지는 내 손을 꼭 잡으시면서 따뜻한 목소리로 말씀하셨어.

"오늘부터 여기가 네 집이란다. 앞으로 우리가 널 지켜주마."

신명장 할아버지의 말에 나도 모르게 긴장하고 있던 마음이 푹 놓였어. 얼마나 안심이 되었는지 소파에 앉은 채로 곧바로 깊이 잠들어 버렸지.

내가 과연 제대로 걸을 수 있을지 긴가민가했는데, 괜한 걱정이었어. 내 다리에서는 놀라울 정도로 가벼우면서도 강한 힘이 느껴졌어. 빨리 걸어도 힘은 덜 들고, 내가 상상했던 것 이상으로 높이 뛰었어. 만약 학교에서 달리기 대회를 한다면 무조건 내가 1등을 할 것 같았어.

튼튼하고 강한 다리를 얻었다고 생각하니 기분이 좋아서 당장 밖으로 뛰어나가고 싶었어. 막 밖으로 나가려는데 기슬이가 나를 불러 세우지 뭐야. 기슬이는 밖에 나간다는 내 말에 펄쩍펄쩍 뛰며 무조건 자기와 같이 가야 한다고 했어.

나는 기슬이의 손에 이끌려 신명장 할아버지의 연구실을 구경했어. 자세히 보니 복잡한 기계들이 많았어.

"앗! 저건 뭐야?"

복잡한 기계 사이로, 네모난 창에 그림이 움직이는 기계가 보였어.

"저건 컴퓨터야. 아까 로봇이 자동으로 움직인다고 했잖아. 바로 컴퓨터가 있어서 가능한 거야. 네 다리와 강아지 로봇 루피가 움직이는 것도 다 컴퓨터 덕분이지."

기슬이는 내 다리에도 조그만 컴퓨터가 들어 있다고 했어. 그 안에 여러 기능이 있어서 내가 자유롭게 걷고 뛰어다닐 수 있다고 했지.

"할아버지, 로봇은 제가 태어나서 본 것 중에 가장 멋진 것 같아요!"

"허허. 피노키오, 네가 로봇을 그렇게 봐 준다니 고맙구나. 로봇은 생긴 것도 멋지고, 하는 일도 멋지단다. 그 멋진 로봇이 바로 예전의 너와 같은 목각 인형을 만들던 인간들의 꿈에서 시작되었단다."

"뭐… 뭐라고요?"

할아버지는 내 모습이 바로 로봇의 조상인 오토마타의 생김새와 비슷하다고 했어.

"오토마타요? 할아버지, 그건 저도 처음 듣는데요?"

"허허. 그럼 내일부터 너희에게 오토마타 이야기를 들려주마. 아주 재미있단다. 기대하렴."

기슬이는 당장 이야기해달라며 할아버지를 졸랐어.

"오늘은 피노키오가 다시 태어난 날이잖니. 우리의 가족이 된 날이기도 하고. 피노키오를 위한 파티를 하는 게 더 좋을 것 같은데, 어떠냐?"

"파티라고요? 신난다! 우리는 가족이니까 같이 축하해 줘요, 할아버지. 너도 좋지, 피노키오?"

허허허허.

기슬키움 연구소

인간은 언제부터 로봇을 상상했을까?

 인간은 고대부터 인간을 대신해서 일을 하는 존재를 상상했다고 해. 고대 그리스인이 쓴 그리스 신화를 보면 알 수 있지.

 그리스 신화에는 탈로스라는 청동 거인이 나와. 적의 배가 크레타 섬에 가까이 다가오면 탈로스가 바위를 던져서 배를 침몰시키는 등 섬을 지키는 일을 했어. 오늘날 우리가 생각하는 로봇의 개념과 비슷한 역할을 한 거야.

 그런데 탈로스는 결국 적의 제안에 흔들려 파멸했어. 탈로스는 인간이 만든 청동 거인에 불과하지만, '생각'을 할 수 있었기 때문이야. 여기에서 고대 그리스인들도 현대인처럼 '생각하는 로봇'을 상상했다는 것을 알 수 있지. 재미있지?

탈로스

또 알려 줄까? 그리스 신화에 등장하는 12신 중 헤파이스토스라는 신이 있어. 대장장이 신이야.

헤파이스토스의 대장간에는 그의 일을 돕는 조수들이 있었어. 이 조수들은 인간과 비슷하게 만들어졌지. 헤파이스토스는 조수들에게 인간과 비슷한 대장장이 역할을 하는 것뿐만 아니라 인간의 목소리, 활력까지 갖출 것을 요구했어. 지금의 인공지능 로봇과 비슷한 역할을 기대한 거야.

인간은 지금도 계속 인간과 닮은 무언가를 꿈꾸고, 상상하고, 만들고 있어. 인간의 상상력은 어디까지일까?

헤파이스토스

움직이는 자동 인형

스스로 움직이는 기계

예전에 제페토 할아버지의 농장과 맞닿은 냇가에 물레방아가 있었어. 물레방아를 보니 꼭 고향에 온 것 같았지 뭐야. 게다가 새로 생긴 다리를 마음껏 빠르게 움직여 보고 싶은 마음이 가득했어. 그런데 물레방아가 그렇게 빨리 돌아갈 줄은 정말 몰랐어. 신명장 할아버지가 다리를 고쳐 주신지 얼마 되지도 않았는데 망가뜨려서 창피했어.

　"다리가 물에 흠뻑 젖었구나. 로봇 다리는 나무로 된 다리와는 다르게 전기로 움직인단다. 전기 회로에 물이 들어가면 전기가 제대로 흐르지 않아 고장이 날 수도 있지. 게다가 금속으로 만들어져서 나무보다 훨씬 무겁단다. 그래서 물레방아가 네 생각보다 더 빨리 돌아갔을 게다."

기슬이까지 옆에서 계속 뭐라고 하니까 괜히 눈물이 났어. 제페토 할아버지가 보고 싶었어. 역시 내게는 아무도 없다는 생각이 들었어. 그때 루피가 나를 위로해 주듯 살포시 다가와 내 다리를 어루만져 주었어.

"다행히 크게 망가지지는 않았단다. 네 다리에 미처 방수 처리를 하지 못했는데, 이번 기회에 하면 되겠구나."

　할아버지는 내 다리에 방수 처리를 해 주시며, 앞으로는 얼마든지 물놀이를 해도 된다고 말씀하셨어. 나도 할아버지께 앞으로 위험한 행동은 하지 않겠다고 약속했어.

"그런데 말이야. 내가 살던 때로부터 150년이나 지났는데도 여전히 물레방아로 곡식을 찧나 봐?"

"물레방아로 곡식을 찧는다고? 저건 그냥 장식품인걸!"

"기슬이가 상상하기 어렵겠지만 150년 전에는 물레방아로 곡식을 찧었단다. 곡식을 추수하고 나서 물레방아에 곡식을 넣으면 물레방아가 곡식의 껍질을 벗기거나 가루를 냈지."

"그럼 물레방아가 오토마타인가요?"

"허허, 맞아. 우리 기슬이 정말 대단한걸!"

할아버지는 물레방아처럼 스스로 움직이는 기계를 오토마타라고 부른다고 하셨어. '자동'이라는 뜻의 라틴어에서 유래했다고 했지.

"할아버지, 물레방아는 어떻게 움직여요?"

"허허. 우리 피노키오가 호기심이 많구나. 호기심은 매우 중요하단다. 호기심이 탐구로 이어지니까."

할아버지는 우리에게 물레방아가 움직이는 원리를 알려 주셨어. 물레방아에는 물을 담을 수 있는 곳이 있다고 했어. 이곳에 물이 차서 무거워지면 기울어지면서 큰 물레가 회전하게 되는 거고. 연결된 축이 방아를 들어올렸다가 떨어트리면서 곡식을 찧는다고 했어.

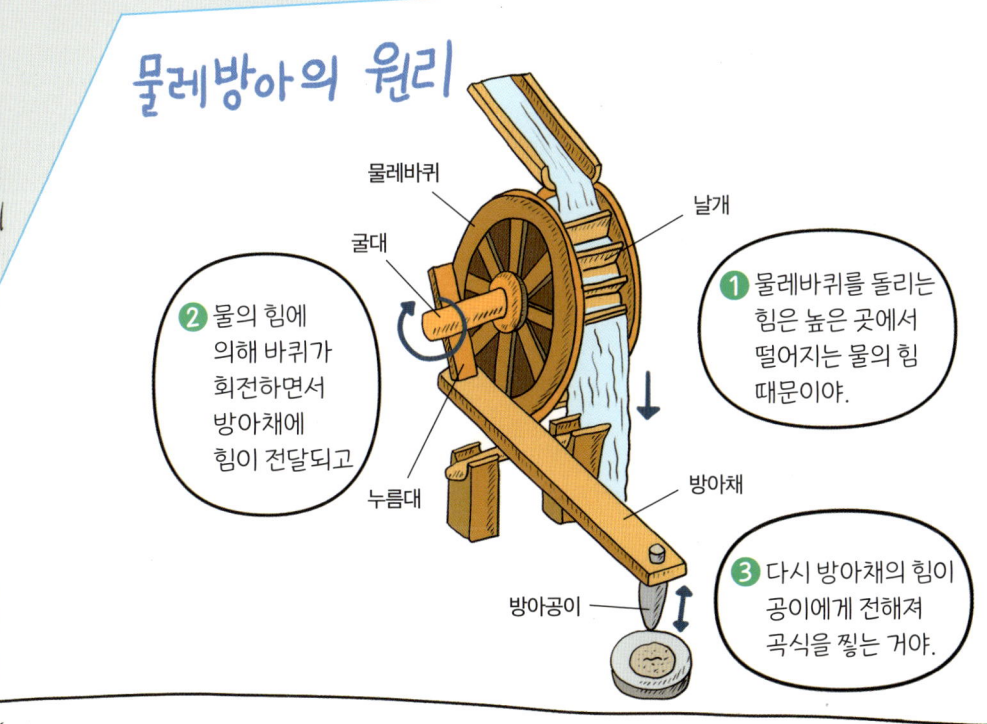

가상 현실(VR)

가상 현실(VR)이란 가상의 세계에서 실제와 같은 체험을 할 수 있게 만든 최첨단 기술이야. 컴퓨터로 미리 특정한 환경이나 상황을 만들어서 실제처럼 느끼게 해 주는 시스템이지. 이런 환경을 사이버 공간이라고도 하고, 가상 세계라고도 해.

가상 현실을 체험하기 위해 머리에 쓰는 디스플레이 장치를 'HMD(Head Mounted Display)'라고 해. HMD에는 디스플레이 기능이 있고, 마이크와 스테레오 스피커, 센서 등이 있어.

가상 현실은 수술이나 해부를 할 때도 사용되고, 비행 조정 훈련 등에도 이용되고 있어.

HMD

@Alexander Sobol/Shutterstock.com

오토마타의 등장

"기슬아, 할아버지. 빨리 와요, 빨리!"

내가 너무 빨리 달렸나 봐. 뒤돌아보니 기슬이와 할아버지는 저만치 뒤에 있었어.

내 다리의 성능은 생각한 것보다 훨씬 뛰어났어. 물레방아에서 넘어지고 나서 걷지도 못하면 어쩌나 걱정이 많았거든. 그런데 내 다리는 여전히 번개처럼 빠르고 강하지 뭐야. 하하!

"저, 크… 크테시비우스 아저씨가 클렙시드라에 대해 설명해 주신대."

"와! 발명가에게 직접 설명을 듣다니, 우리는 정말 행운아예요."

기슬이는 크테시비우스 아저씨를 만나서 기분이 좋은 것 같았어. 한층 들뜬 모습이었지. 다행이야! 크테시비우스 아저씨가 아니었다면 난 기슬이에게 또 잔소리를 듣고 있었을 거야.

크테시비우스는 수력 오르간과 물시계, 소방 펌프 등을 발명했다고 했어. 그 중에서 클렙시드라라고 불리는 물시계는 세계 최초의 오토마타라고 했지. 이 오토마타는 전기 에너지 없이 기계 장치로만 이루어져 있는 게 특징이래.

클렙시드라는 기계 장치에 부착된 인형이 움직이면서 시간을 알려 주는 장치라고 했어. 처음에는 우물물을 긷는 도구로 쓰다가 점점 물시계로 발전했대. 톱니바퀴와 피스톤 펌프 장치를 활용하여 자동으로 움직인다고 했지.

크테시비우스는 우리에게 다양한 오토마타들을 보여 주셨어. 증기의 힘을 이용해서 저절로 열리는 신전 문도 있었고, 요즘에도 볼 수 있는 동전을 넣으면 물이 나오는 장치도 있었어.

우리나라에도 오토마타가 있었다고?

혹시나 하는 마음에 기슬이가 씌워 준 물건을 다시 썼을 뿐인데, 다른 곳으로 와 버렸지 뭐야. 기슬이도, 신명장 할아버지도, 크테시비우스도 없이 나 혼자서 말이야.

잠깐 당황하기는 했지만 나는 곧 호기심을 끄는 물건에 눈길이 가서 그 앞으로 달려갔어. 북 같은 것을 치는 작은 인형도 있고, 물이 담긴 큰 항아리 같은 것도 있었어. 전체적으로 예전에 놀던 미끄럼틀 같아 보였지.

이번에 깨어난 뒤에 아직 놀이터에도 가 보지 못했는데, 이곳에서 잠시 놀다 가야겠다고 생각했어.

"장영실이 만든 최초의 자동 물시계가 바로 자격루인데 우리가 지금 조선 시대에 와 있다니 정말 놀라워. 자격루를 이렇게 가상 현실에서 보게 되다니, 감동이야!"

기슬이는 신나서 내게 자격루에 대해 알려 주었어. 아까 본 그리스의 물시계와는 다르게 자격루에는 물이 담긴 항아리들이 놓여 있고, 물이 흐르고 있었어. 그때 맨 위에 있는 인형 하나가 움직이며 종을 쳤어.

"피노키오! 지금 이 소리 들었지? 이 소리가 바로 시간을 알려 주는 소리야."

기슬이는 책에서만 보던 자격루를 봐서 신이 난 것 같았어.

"우와! 그리스 시대의 클렙시드라보다 멋지다!"

"우리 피노키오에게 더 놀랄 만한 이야기를 들려주어야 겠구나. 아까 본 클렙시드라는 해가 뜬 시간부터 해가 지는 시간까지를 12시간으로 정해서 작동시켰단다. 그래서 계절에 따라 시간의 길이가 들쑥날쑥했지. 계절이 달라질 때마다 해가 뜨는 시간과 지는 시간이 달라지니 말이다. 하지만 자격루는 일정하게 움직여서 시간을 정확히 파악할 수 있었단다."

"자격루는 정말 멋진 오토마타네요."

기슬이는 자격루가 우리나라에서 만들어져 엄청 자랑스러워하는 것 같았어.

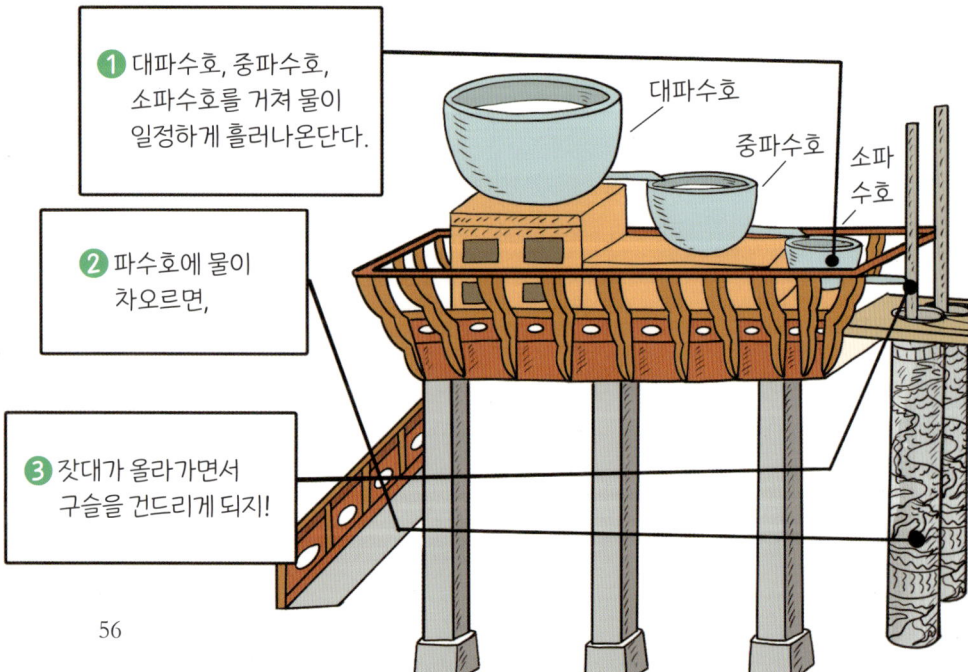

❶ 대파수호, 중파수호, 소파수호를 거쳐 물이 일정하게 흘러나온단다.

❷ 파수호에 물이 차오르면,

❸ 잣대가 올라가면서 구슬을 건드리게 되지!

대파수호
중파수호
소파수호

자격루는 물시계 장치와 시간 알림 장치로 이루어져 있다고 했어. 가장 큰 항아리가 물탱크 역할을 한다고 해. 항아리를 파수호라고 부르는데 여기에 물을 많이 담아놓으면 다음 항아리로 넘어가면서 물의 세기를 조절한다고 했어. 물이 항아리를 거치면서 물의 압력과 속도가 일정하게 조절되는 거지.

그리고 기둥처럼 생긴 곳에 물이 차오르면 잣대가 떠올라 일정한 시간에 구슬을 건드려서 시간을 알려 준다고 했어.

"클렙시드라에서 자격루까지 시간이 지나면서 사람들은 더 정교한 오토마타를 만들어 냈단다."

❹ 구슬이 시간 알림 장치로 굴러가서 장치를 작동시키면,

❺ 인형이 움직이면서 종, 북, 징을 울리고 팻말을 들어 보여 시간을 알려 준단다!

기슬키움 연구소

오토마타는 어떻게 움직일까?

오토마타는 기능에 따라 움직이는 원리가 다양해. 오토마타를 움직이는 세 가지 핵심 요소를 알려 줄게.

링크

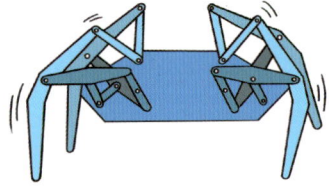

오토마타의 한쪽 부분이 움직일 때 다른 한쪽도 같이 움직이도록 연결하는 것을 링크라고 해. 오토마타를 움직이게 하는 역할을 하지.

기어

　　기어는 둘레에 일정한 간격으로 톱니를 내어 만든 바퀴를 말해. 서로 맞물려서 회전하는 힘을 다른 쪽에 전달하는 역할을 해. 톱니바퀴의 크기가 다른 경우, 큰 톱니바퀴가 한 바퀴 도는 동안 작은 톱니바퀴는 더 많이 회전하게 돼. 이런 원리를 이용해서 움직이는 속도를 조절할 수 있는 거야.

캠

　　캠은 회전 운동을 직선 운동으로 바꿔 주는 장치야. 캠은 타원형뿐만 아니라 십자가, 육각형, 심지어 하트 모양과 달팽이 모양으로도 만들 수 있어. 캠의 모양이 달라지면, 오토마타가 움직이는 경로도 바뀌면서 오토마타의 움직임이 더욱 다양하고 활발해질 수 있지.

피리 연주도 할 줄 알아!

기슬이 말처럼 며칠 만에 내가 내 로봇 다리에 정이 듬뿍 들었나 봐. 무엇보다 가상 현실에서 여러 곳을 구경하고 오니, 신명장 할아버지의 연구실이 그립지 뭐야, 하하! 이제는 여기가 내 집이니까.

가상 현실에서 만난 세상은 정말 놀라웠어. HMD를 쓰면 어디든 갈 수 있다는 게 신기했어. 하지만 내가 실제로 어디를 가는 건 아니라고 했어. 단지 실제처럼 느끼고 체험하는 것이라고 했지. 분명 조금 전까지는 그리스와 조선 시대였는데, HMD를 벗으니 바로 할아버지 연구실이었어.

고대 그리스 시대에 이미 사람 모양 오토마타가 있었다니 놀라웠어. 와인을 따라 주는 오토마타는 그리스의 기계학자인 필론이 귀족을 위해 만들었다고 했어.

"신기해요! 또 어떤 오토마타가 있었어요?"

"우리 피노키오가 궁금한 게 많구나. 850년경에 이라크 바그다드에서 바누 무사 형제가 만든 오토마타가 있었단다. 자동으로 피리를 연주하는 오토마타였지."

"오! 피리까지 연주했다고요?"

"물통 속에 물이 채워질 때 빠져나오는 바람의 힘으로 피리의 구멍을 순서대로 열었다 닫았다 하는 원리를 이용했지. 실제 인형이 연주하는 것처럼 보이게 만들었단다."

"재밌네요! 또… 또 어떤 게 있어요?"

"하하! 피노키오가 오토마타의 매력에 푹 빠졌구나. 내가 오늘은 피곤하니 내일 더 재미있는 오토마타를 만나 보는 게 어떻겠니?"

오토마타를 보고 있자니 내 옛날 모습이 떠올랐어. 제페토 할아버지는 나를 인형극에 쓰려고 만들었다고 했어. 그런데 내가 웃고 말을 하니 얼마나 놀랐겠어. 게다가 걸음마를 배우자마자 말썽을 부렸지. 하지만 제페토 할아버지는 그런 나를 학교도 보내 주고, 늘 따스하게 대해 주셨어.

나는 신명장 할아버지의 연구실에서 다시 태어난 뒤 굳게 결심했어. 이곳에서는 말썽도 안 부리고 정말 좋은 아이가 되겠다고 말이야.

기슬키움 연구소

원숭이 오토마타 만들기

종이컵과 빨대만 있으면 귀여운 원숭이 오토마타를 만들 수 있어!

준비물

색종이, 종이컵 1개, 빨대 3개, 글루건, 연필, 테이프, 가위, 사인펜 등

만드는 법

1. 색종이에 원숭이 얼굴과 원숭이의 양손을 그린 뒤 오려 주세요.

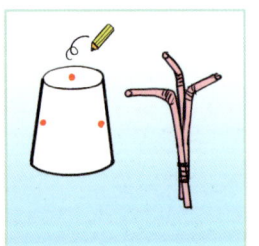

2. 연필로 종이컵 바닥과 양옆에 구멍을 1개씩 뚫어 주세요. 빨대 3개를 준비한 뒤 한 쪽 끝을 모아 테이프로 붙여 주세요.

3. 테이프를 붙이지 않은 빨대의 다른 쪽 끝을 종이컵 구멍 3개에 각각 끼우세요.

4. 종이컵은 뒤집은 뒤 종이컵 안쪽, 세 개의 빨대를 테이프로 붙인 부분에 글루건을 이용해서 원숭이의 얼굴을 붙여 주세요. 글루건은 뜨거우니 어른의 도움을 받으세요.

5. 종이컵 양 옆을 뚫고 나온 빨대에 원숭이의 손을 붙여 주세요. 다 붙인 뒤에 아래로 튀어나와 있는 빨대를 당기면 움직이는 원숭이 완성!

오토마타가
단순하다고?

갑옷을 입은 장군!

"으악! 기… 기슬아, 하… 할아버지, 저기 문 앞에……."
자다가 목이 말라 물을 마시러 거실로 나왔는데, 갑옷을 입은 사람이 서 있지 뭐야. 칼을 들고서 말이야. 나는 너무 놀라서 온동네가 떠나갈 듯이 소리를 고래고래 질렀어.
"으악! 으… 으악!"
내 소리에 놀란 기슬이와 할아버지가 잠결에 뛰어나왔어.
"무슨 일이냐? 불이라도 난 게야?"
"저… 저기, 문 앞에……!"

"피노키오, 혹시 저 기사를 보고 그러는 거야? 저건 오토마타라고. 그새 여기가 할아버지의 연구실이란 걸 잊은 거야?"

기슬이는 내가 잠을 깨워서 조금 짜증이 난 듯 궁시렁거렸어. 그러면서 나를 겁쟁이라고 놀렸지.

"허허, 피노키오에게 미처 소개하지 않은 오토마타를 만났구나! 저건 고대 이탈리아의 기사 오토마타란다. 전쟁터에 지금 바로 나가도 될 정도로 늠름해 보이지?"

"실제 갑옷을 입은 살아 있는 사람인 줄 알았어요. 얼마나 놀랐는지!"

나는 숨가쁘게 내쉬던 숨을 골랐어. 식은땀이 흐를 정도로 놀랐거든. 기슬이가 놀려대는 게 거슬렸지만 실제 칼을 든 사람이 아니니 다행이라고 생각했어.

"허허, 놀라는 게 당연하지. 나도 내 연구실에 기사 오토마타를 가져오고 나서 한 달 넘게 계속 놀랐단다. 금방이라도 내게 칼을 뽑아 들 것만 같더구나."

할아버지가 그렇게 말씀해 주셔서 머쓱했던 기분이 좀 풀렸어. 실은 내가 소리를 지르는 바람에 곤하게 자고 있는 기슬이와 할아버지를 깨워서 미안했거든.

"기사 오토마타라면 칼싸움을 잘 하겠네요?"

"칼싸움까지는 아니지만, 기사라면 으레 취하는 여러 가지 동작을 능숙하게 할 수 있단다. 앉고 서고 머리를 움직이고 투구의 면갑을 들어 올리는 동작이 모두 가능하지."

기사 오토마타는 레오나르도 다빈치의 설계도를 바탕으로 하여 현대에 와서 새로 만든 거라고 했어. 레오나르도 다빈치가 살던 당시에 이 오토마타가 실제로 만들어졌는지는 알 수 없다고 했지.

기사 오토마타를 보고 나니, 나도 용감하고 멋진 기사 오토마타가 되고 싶어졌어. 문득 예전에 당나귀로 변해 서커스단에 팔려갔을 때가 생각났거든. 재주를 부리다가 한쪽 다리가 부러져 다시 시장에 팔려 갔었지.

나를 돈을 주고 산 사람은 당나귀로 변한 나의 가죽을 벗겨 북을 만들려고 했어. 내 목에 줄을 매달아 바다에 던져 버리기까지 했지. 내가 기사 오토마타처럼 강하고 힘이 셌다면 그 사람을 물리치고 빠져나올 수 있었을 텐데. 아까워!

차 한 잔 따라 줄까?

일본에서는 오토마타를 카라쿠리라고 부른대. 1645년에 있었던 차를 나르는 오토마타에 대한 기록이 있다고 했지.

기록에 따르면 이 오토마타의 태엽을 감은 다음, 오토마타의 손 위에 찻잔을 올려놓으면 오토마타가 손님을 향해서 움직인대. 찻잔을 들면 오토마타가 그 자리에 멈추고, 다 마신 찻잔을 오토마타의 손 위에 올려놓으면 오토마타가 제자리로 되돌아올 수도 있다고 했지.

"그럼 차를 나르는 오토마타는 손님이 차를 다 마셨는지도 알 수 있었나요?"

"아쉽게도 이 오토마타는 그렇게 똑똑한 수준은 아니었단다."

차를 나르는 오토마타는 접시에 무언가를 올려놓으면 무게 중심이 이동하면서 정해진 동작을 하는 원리라고 했어.

"오토마타가 하는 동작은 매우 단순했어. 처음에는 찻잔을 들고 손님 쪽으로 방향을 잡아서 이동하고, 손님이 찻잔을 들었다가 다시 오토마타의 손 위에 올려놓으면 반 바퀴 돌아서 원래 있던 자리로 돌아가는 정도였지."

"듣고 보니 정말 단순한데요?"

"그렇지? 하지만 당시에는 오토마타가 자동으로 원래 자리로 돌아가는 것은 획기적이고 놀라운 아이디어였단다."

이것 말고도 계단을 내려오는 오토마타, 낚시하는 오토마타, 악기를 연주하는 오토마타 등도 있었대. 내가 1800년대에 태어났는데, 1600년대에 이미 다양한 오토마타가 있었다니 놀라웠어. 할아버지의 이야기를 들으며 연구실 구석구석을 살펴보니, 할아버지의 연구실 복도에 여러 오토마타가 진열되어 있는 게 눈에 띄었어.

"우와! 할아버지 연구실에는 정말 다양한 오토마타가 있네요?"

"고대 그리스부터 최근까지의 오토마타 관련 자료를 모두 모으고 있단다. 먼저 1700년대에 프랑스에서 만들어진 플루트를 연주하는 오토마타부터 소개해 주어야겠구나!"

플루트 연주를 들려줄게

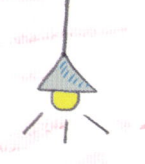

플루트를 연주하는 오토마타는 내부에 인간의 호흡 기관처럼 들숨과 날숨을 쉬는 장치가 탑재되어 있었단다.

정말 살아 있는 사람 같아요!

플루트를 연주하는 오토마타는 1738년에 프랑스의 자크 드 보캉송이 만들었다고 했어. 피리를 연주하는 오토마타와 원리는 비슷하대. 손가락 부분에 가죽을 씌워서 플루트의 구멍을 잘 막을 수 있었다고 했지.

"할아버지, 그 옆의 오리도 혹시 오토마타예요?"

기슬이가 가리킨 곳을 보니 피리 부는 오토마타 옆에 귀여운 오리 오토마타가 보이더라고! 루피는 오리를 보더니 왈왈 짖어댔어. 루피도 오리를 알아보는 것 같았어.

루피에게도 친구가 생겼는걸!

글을 쓰고, 그림도 그려

"우와, 예쁘다!"

기슬이는 할아버지의 연구실에 있는 오토마타 중에서 글씨를 쓰고 그림을 그리는 오토마타를 가장 좋아한다고 했어. 여기에 자주 놀러오기 시작한 것도 이 오토마타들을 보기 위해서라고 했지.

"이 오토마타들은 정말 사람과 비슷하게 생겼지? 1768년에 스위스의 시계 장인 피에르 자케 드로가 만든 거란다."

자케 드로가 만든 오토마타들은 하나 같이 예쁘고 우아했어. 옛날에 살던 귀족이나 왕족의 집에 있을 것만 같은 아름다움이 배어 있었어.

가운데에는 드레스를 입고 오르간을 연주하는 여자아이 오토마타도 있었어. 글씨를 쓰는 오토마타는 거위 깃털로 된 멋진 펜을 들고 있었지.

"글씨를 쓰는 오토마타는 펜에 잉크를 묻히고 나서 묻은 잉크가 흐르지 않도록 손목을 흔들어 털어낸단다. 펜을 따라서 고개와 눈동자가 움직이지. 세 작품 중에 가장 복잡한 구조로 이루어져 있는데, 당시에는 상상도 못할 기술이어서 처음 본 사람들은 악마가 들어 있다고 할 정도였지."

"작은 동작 하나하나가 사람 같아."

"피노키오, 그림을 그리는 오토마타는 나보다 그림을 훨씬 잘 그리더라고."

기슬이는 내게 오토마타가 그린 그림을 보여 주었어. 나비가 끄는 마차를 탄 큐피트, 개, 마리 앙투와네트, 루이 16세, 루이 15세까지 총 4개의 그림을 그렸다고 했어. 그림을 그리는 동작뿐만 아니라 의자에서 움직이는 동작도 하고, 연필 가루를 털어내기 위해 입김을 세게 부는 동작도 할 수 있다고 했어.

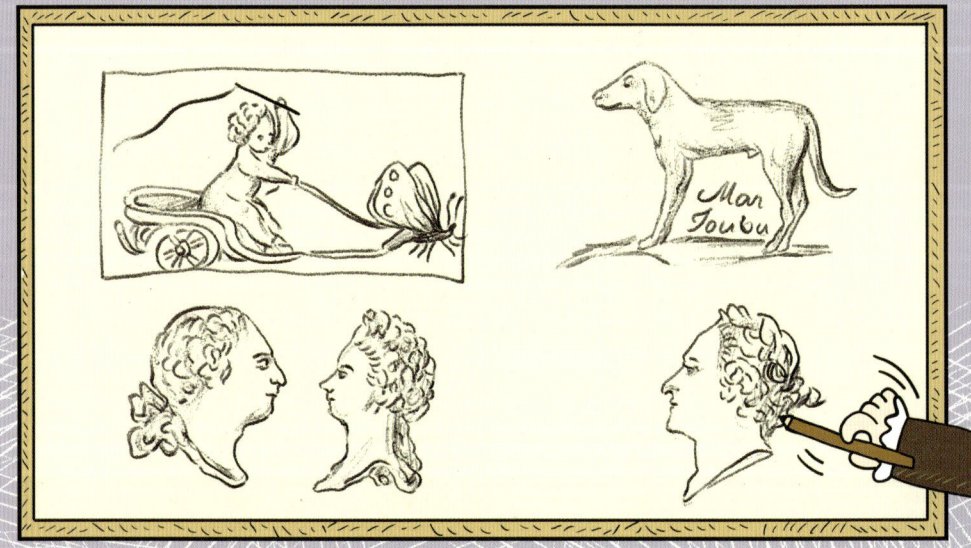

오르간을 연주하는 오토마타는 실제 연주자처럼 상체를 세우고 연주했고, 숨을 쉬는 것처럼 가슴이 들썩이기도 했어. 또 머리와 눈동자가 연주하는 손을 따라가며 바라보기도 하더라고. 매우 정교해서 멀리서 보면 오토마타인지 사람인지 구분이 가지 않을 정도였어.
　"할아버지, 저도 사람과 거의 똑같은 오토마타를 만들고 싶어요. 겉모습뿐만 아니라 행동과 움직임도 사람과 똑같은 오토마타 말이에요."
　"우리 기슬이는 분명 만들 수 있을 거야. 오토마타를 자세히 관찰하고 오토마타의 구조를 응용해서 만들다 보면 네가 원하는 것을 완성할 수 있을 거란다."
　기슬이는 오토마타에 대해 정식으로 공부하지는 않았지만, 종이로 오토마타를 몇 번 만들어 보았다고 했어. 다음에는 기슬이와 내가 만든 기슬키움 연구소에서 오토마타를 만들어 보기로 했어. 어때? 근사하지?

뻐꾹 뻐꾹 노래도 불러

"할아버지의 꿈이 담긴 시계네요!"

"피노키오, 내 꿈이 담긴 것도 보여 줄게. 내가 할아버지를 보며 로봇을 만드는 꿈을 꾸게 된 계기가 바로 이 상자에 담겨 있어."

기슬이는 방에서 상자 하나를 가져와 내게 보여 주었어. 오르골이었어. 오르골의 뚜껑을 열자 아름다운 음악이 흘러나오면서 발레리나 인형이 빙글빙글 돌며 춤을 추기 시작했어. 동화 나라에 온 것처럼 아름다웠지.

"오! 멋져. 정말 아름다운 음악이야. 인형이 춤을 추는 모습도 정말 예뻐."

"하하, 할아버지가 여행을 다녀오시면서 선물로 사 주신 거야. 이걸 보면서 내 꿈이 생겼지!"

순간 기슬이가 정말 부러웠어. 꿈까지는 모르겠고, 할아버지의 선물이라니! 나도 마음이 담긴 정성스러운 선물을 받고 싶었어.

"흠! 다음에는 우리 피노키오에게도 예쁜 선물을 주어야겠구나!"

"정말요?"

할아버지는 내 마음을 훤히 들여다보시는 것 같았어. 할아버지의 말에 마음이 한없이 따뜻해졌지.

랄랄라, 오르골 소리

"할아버지, 오르골에는 태엽을 돌리는 곳이 없는데 어떻게 소리를 내는 거예요?"

"우리 피노키오가 관찰력이 좋구나. 오르골의 뚜껑이 열리고 닫힐 때마다 금속 막대기와 연결된 태엽이 감기면서 자동으로 동력이 만들어진단다. 핀이 달린 금속 막대기가 회전하면서 '음계판'이라고 하는 길이가 다른 금속판을 튕기면서 소리를 내는 거지!"

핀의 간격에 따라서 소리가 빨리 나기도 하고 늦게 나기도 하지.

금속 막대기의 핀의 간격과 위치를 조절하면 어떤 곡이라도 연주할 수 있단다.

나는 오르골의 음악 소리를 듣자마자 오르골에 반해버렸어. 오르골만 있다면 매일 아름다운 음악을 들으며 잠을 잘 수 있을 것 같았지. 오르골에서 나오는 새소리가 음악처럼 들리면 더 좋겠지?

"저… 할아버지, 혹시 새소리를 내는 오르골도 있나요?"

"물론 있지. 노래하는 새장처럼 생겼는데, 새가 아름다운 소리를 내며 노래하는 오르골이란다. 함께 들어 볼까?"

©Wikimedia Commons

할아버지는 컴퓨터 화면을 켜서 노래하는 새장의 영상을 보여 주셨어. 금색 새장 안에 있는 새가 지저귀며 몸을 움직였지. 살아 있는 새와 거의 똑같이 만들어져서 오토마타라는 느낌이 들지 않았어.

"머리와 꼬리가 움직이는 모습이 진짜 새와 비슷해요. 오르골인지 몰랐다면 살아있는 새라고 생각했을 거예요."

"조금 전에 그림 그리는 오토마타를 만들었던 자케 드로라는 사람을 기억하니?"

"아휴, 할아버지도 참, 내가 가장 좋아하는 오토마타를 만든 분인데 어떻게 기억을 못하겠어요."

기슬이의 과학 뽐내기

피에르 자케 드로

피에르 자케 드로는 1700년대 스위스 출신의 시계 제작자야. 유능하고 재능있는 시계 제작자였지만, 단순히 시계만 만들지는 않았어. 그는 천재적인 엔지니어이자 과학자이기도 했으니까.

시계 제작자로서 입지를 단단히 다졌던 자케 드로는 오토마타 제작에 도전했어. 태엽을 감으면 스스로 종이에 글을 쓰고, 그림을 그리고, 음악을 연주하는 '오토마타 시리즈'를 발명했지.

1784년부터는 새의 지저귀는 소리를 표현한 '노래하는 새들 시리즈'를 제작해서 세상을 놀라게 했어. 신명장 할아버지가 보여 준 뻐꾸기 시계의 할아버지뻘이라고나 할까? 자케 드로의 '노래하는 새들 시리즈'도 매시 정각이 되면 둥지에서 새가 나와서 뻐꾹 뻐꾹 노래를 불러. 이뿐만 아니라 멋지게 날갯짓을 하고, 진짜 새처럼 움직여.

현재 그의 작품은 완벽하게 복원되어서 스위스 예술역사박물관 등 세계적인 박물관에 보관되어 있어. 그의 작품은 세계적인 시계 브랜드인 스와치에 영감을 주었고, 지금까지 영향력을 미치고 있어.

할아버지는 시계 제작자였던 자케 드로가 손목 시계 안에 지저귀는 새를 작게 만들어 넣기도 하였다고 알려주셨어. 그리고 이런 오르골은 1770년대부터 유럽 귀족 사회에서 유행했다고 했어. 그 뒤 오르골 기술이 더 발전해서 상품화되기 시작되었다고 했지.

"저도 가끔 할아버지 연구실에서 오토마타를 봤지만, 이렇게 종류가 많은지는 몰랐어요. 그런데 지금 배가 너무 고파서… 하하!"

"그래, 그래. 사실 나도 조금 전부터 배도 고프고 잠시 쉬고 싶었단다. 커피도 한 잔 하고 싶구나."

여러 오토마타를 보고 나니, 내 자신이 뿌듯하게 느껴졌어. 내가 오토마타의 조상격이라고 했으니 스스로에게 자부심을 가져도 될 것 같았지.

할아버지와 기슬이는 커피와 빵을 가지고 오겠다며 잠시 자리를 비웠어. 난 바로 엉덩이가 들썩들썩했어. 하지만 정말 이번만은 얌전히 기다려야겠다고 마음을 진정시켰어.

"안 돼, 안 돼. 이번에도 장난을 치면 할아버지와 기슬이가 정말 실망할 거야."

엉덩이를 의자에 더는 붙이고 있기 힘들어졌을 무렵, 할아버지와 기슬이가 어떤 상자를 들고 나타났어.

상자 안에 빵이 들어있겠지? 휴! 일찍 와서 정말 다행이야. 조금만 늦었어도 나는 밖으로 뛰쳐나갔을 거야.
"짜잔, 피노키오에게 선물 전달식이 있겠습니다!"
"선물이라고요?"
할아버지 손에 들려 있는 상자를 보자마자 가슴이 두근두근 뛰었어. 태어나서 나를 위한 선물을 처음 받아보는거거든. 할아버지가 준 상자를 열자 아름다운 음악 소리와 함께 새들이 날갯짓을 하며 춤을 추었어. 할아버지와 기슬이가 준비한 선물은 노래하는 새가 있는 예쁜 오르골이었어.

울지 않으려고 했는데, 눈물이 마구 쏟아졌어. 정말 감동이었어. 신명장 할아버지와 기슬이는 제페토 할아버지가 보낸 선물일지도 몰라.

"고마워요, 할아버지. 고마워, 기슬아. 정말 감동이야."

"네가 아까 오르골 소리를 유난히 좋아하길래, 할아버지의 연구실 구석구석을 뒤져봤지. 네가 마음에 들어해서 다행이야."

"너도 너만의 꿈을 키워 보거라, 피노키오야. 기슬이와 내가 열심히 응원해 주마."

오리 오토마타 만들기

철사를 움직이면 날갯짓하는 예쁜 오리를 만들어 볼까?

두꺼운 흰 종이, 우유갑, 종이컵 1개, 빨대 4개, 글루건, 연필, 테이프, 가위, 철사

만드는 법

1. 두꺼운 흰 종이에 오리 두 마리를 그린 뒤 가위로 오려 주세요. 오리 날개도 따로 2개 그린 뒤 오려 주세요. 오리 두 마리를 풀칠해서 하나로 붙여 주세요.

2. 빨대를 날개 크기에 맞게 2조각으로 자른 후 각 빨대를 오리의 날개와 몸통이 연결되어 접히는 부분에 붙여 주세요. 철사를 잘라서 각 빨대 사이에 끼우고 날개에 테이프로 고정시키세요.

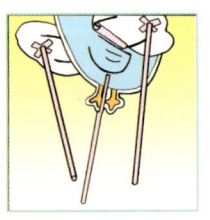

3. 큰 빨대 3개를 준비해 주세요. 그리고 각 빨대의 한쪽 끝에 가위집을 내 주세요. 그런 다음 각 날개의 안쪽 부분과 오리의 몸통 아래에 가위집을 낸 빨대의 끝을 테이프로 붙여 주세요.

4. 우유갑 윗면 정중앙에 구멍을 낸 뒤, 오리의 몸통 아래에 달린 빨대를 끼워 주세요. 오리가 마치 우유갑 위에 서 있는 것처럼 보이게요. 그리고 각 날개에 붙인 빨대의 반대편 끝에 가위집을 내서 우유갑 윗면에 테이프로 고정시켜 주세요.

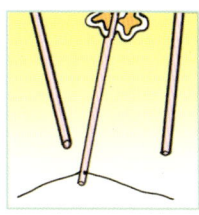

5. 오리의 몸통 아래에 달린 빨대에는 작은 구멍을 낸 뒤 긴 철사를 끼워 가로로 통과시켜 주세요.

6. 우유갑 양쪽 옆부분에도 구멍을 낸 뒤, 철사의 양 끝을 양쪽 구멍에 각각 끼워 주세요. 철사의 한쪽 끝을 동그랗게 말아주고, 철사를 회전시키세요.

날갯짓하는 오리

완성!

키네틱 예술 학교에 가다!

내가 150년 만에 다시 학교에 가게 될 줄이야. 정말 감격스러웠어. 그리고 살짝 겁이 나기도 했어. 예전에 학교 친구들이 나를 장난감 취급하며 놀려대는 바람에 화가 나서 친구들을 다 때려눕힌 적이 있거든. 그때 경찰견에 쫓겨 바다에 뛰어들었다가 그물에 걸려 어부에게 잡혔던 기억이 났어. 오늘 만난 셔독은 나를 쫓던 경찰견과 모습이 비슷했어. 다시 나를 잡으러 온 줄 알고 깜짝 놀랐지 뭐야. 그때를 생각하면 아직도 온몸이 떨리고 무서워.
"기슬아, 이 학교는 뭔가 특별한 것 같아."

"벌써 눈치챈 거야? 우리 학교는 키네틱 아트를 배우는 예술 학교야."

"키네틱 아트?"

"키네틱 아트란 작품에 움직이는 부분을 넣거나 작품 자체를 움직이게끔 만든 예술 작품을 말해. 오토마타와 예술의 영역이 합쳐진 거지. 멋지지? 너도 우리 학교를 좋아하게 될걸!"

이 학교에는 기슬이처럼 로봇 공학자와 예술가를 꿈꾸는 친구들이 많이 다닌다고 했어. 다양한 키네틱 아트 작품을 만들면서 각자의 꿈을 이루기 위해 노력한다고 했지. 이 학교에 다니는 친구들이 멋져 보였어.

모빌도 오토마타야

교실 천장에 붙어 있는 모빌은 공기의 흐름에 따라 좌우로 왔다 갔다 하기도 하고, 원을 그리며 회전하기도 했어. 어떤 모빌은 위아래로 쉬지 않고 움직였어. 단순하게 생겼는데, 움직임은 모양에 따라 모두 달랐어.

　모빌 수업 선생님께서는 모빌이 대표적인 키네틱 아트라고 하셨어. 알렉산더 칼더라는 사람이 예술가들과 교류하면서 움직이는 조각인 모빌을 만들었다고 했어. 칼더가 모빌을 만들기 전에 조각은 으레 모두 정지된 상태였다고 해. 바닥에 놓여 있거나 천장에 고정된 채로 붙어 있었지.

수업을 한창 듣고 있는데 선생님께서 잠깐 자리를 비우신 틈을 타 기슬이네 반 친구들이 다가와서 나에게 말을 걸었어. 모두 나의 이야기를 동화로 읽었다고 했지. 친구들이 너도나도 모빌에 대해 자기가 알려 주겠다고 해서 정신이 하나도 없었어.

"그만, 모두 조용히! 내 친구 피노키오가 당황하잖아!"

 기슬이는 할아버지 연구실에 있을 때와는 달리 내 편이 되어서 든든히 나를 지켜주었어. 소란스러운 교실에다 대고 큰 소리로 말했지.

"피노키오에게 조용히 말 걸어 줄래?"

기슬이의 말이 끝나자마자 교실이 순간 잠잠해졌어. 그리고 친구들은 한결 조용한 목소리로 나에게 말을 걸었지. 그리고 친구들은 지금까지 수업에서 만들었던 작품들을 나에게 보여 주며, 모빌에 대해 친절하게 설명하기 시작했어.

모빌은 알렉산더 칼더가 몬드리안의 작품을 보고, 작품을 움직이게 하고 싶다는 생각에서 시작된 거라고 했어. 칼더는 처음에 모터를 이용해서 반복적으로 움직이는 모빌을 만들었대. 그러다가 모빌의 동작이 똑같이 반복되는 것에 지루함을 느껴서 자연스럽게 움직이는 모빌로 발전시켰지. 모빌의 모양과 색상의 조합도 더욱 신경 썼고.

"알렉산더 칼더의 가장 큰 장점은 성실함이란다. 작가로 활동한 50년 동안 2만 4천 점이 넘는 작품을 만들었지."

수업을 진행하시던 핑크색 머리의 선생님께서 말씀하셨어.

"1년에 480개? 하루에 한 개 이상 만든 거네요?"

"우와! 피노키오, 그렇게나 빨리 계산하다니!"

순간 나도 정말 놀랐어. 내가 순식간에 이런 걸 계산해 내다니 말이야. 처음 내가 깨어났을 때는 몇 년 만에 깨어 났는지 정도의 단순한 계산도 하지 못했거든. 신명장 할아버지는 내 다리를 고쳐 줄 때 내 머리에 컴퓨터를 넣었다고 했어. 그런데 내가 처음 깨어난 날, 내가 몇 년이 흘렀는지도 계산하지 못하는 걸 보고 컴퓨터가 제대로 작동하지 않았다고 생각했대. 그런데 이제 그 기억 장치가 제대로 작동하기 시작했나 봐. 나는 상장이라도 받은 것처럼 어깨가 으쓱했어.

"피노키오, 할아버지가 네게 준 재능은 다른 사람에게 도움이 되라고 준 거야. 그걸 항상 기억해!"

기슬이의 말에 순간 내 맘이 들킨 것 같아 움찔했어. 솔직히 말하면 친구들에게 내 기억력을 자랑할 생각을 한창 하고 있었거든.

할아버지와 기슬이가 내게 주의를 주지 않았다면, 나는 내 능력을 나쁜 일에 썼을 거야. 방금까지도 친구들의 숙제를 빨리 대신해 주면서 잘난 체를 좀 하다가 놀이터에 놀러 갈 생각을 하고 있었거든. 장난감 나라로 가는 길에 누군가가 내게 멍청이라고 부르며 게으름뱅이는 행복해질 수 없다고 했던 150년 전의 기억을 그새 잊었나 봐.

당시 장난감 나라에서는 방학이 1월 1일에 시작해서 12월 31일까지 계속되었거든. 나는 그곳에서 마음껏 게으름을 피우며 놀았지. 그러다가 당나귀로 변하고, 서커스단에 팔려가 한쪽 다리가 부러졌어. 아휴! 생각만 해도 무서워. 절대 다시 돌아가고 싶지 않아. 이제는 친구들과도 사이좋고 지내고 학교도 착실하게 다닐 거야.

기슬이의 과학 뽐내기

알렉산더 칼더

미국의 조각가였던 알렉산더 칼더는 1930년 10월, 우연히 화가 몬드리안의 작업실을 방문하고 나서 새로운 도전을 꿈꾸게 되었어. 바로 움직이는 조각을 만들어 보자는 생각이었지.

그는 처음에는 모터로 조각을 움직이게 했어. 그러고 나서는 바람과 빛 등 주변 환경에 의해 자연스럽게 움직이는 지금과 같은 모빌로 발전하였어. 이것이 우리가 지금 흔히 알고 있는 모빌이야. '모빌'이라는 말은 프랑스어로 '움직임', '동기'를 의미해.

'미술 작품을 움직이게 해 보자.'고 시도한 알렉산더 칼더는 키네틱 아트의 선구자로 여겨지고 있어. 그리고 후대의 조각가들에게 큰 영향을 미치고 있지.

자신의 작품을 보고 있는 알렉산더 칼더

바람과 물로 움직이는 오토마타

VR HMD를 쓰자 내 눈 앞에 파도가 치는 바다와 모래사장이 펼쳐졌어.

"우와, 바다다!"

정말 오랜만에 보는 바다였어. 그리고 저 멀리 어떤 물체가 움직이는 게 보였어. 조금씩 이쪽으로 다가오고 있었어.

"으악! 고… 공룡이다! 도망가자!"

너무 놀란 나머지 나도 모르게 뛰기 시작했어.

선생님께서는 내 옆으로 와 말씀하셨어.

"피노키오가 많이 놀랐나 보구나! 이 작품은 21세기의 레오나르도 다빈치라고 불리는 테오 얀센의 키네틱 작품이란다. 테오 얀센은 1990년부터 '해변의 괴물'이라고 불리는 키네틱 아트 작품을 만들고 있지. '해변의 괴물'은 오직 자연의 바람이나 물의 힘으로 스스로 움직이게 만든 오토마타란다!"

테오 얀센은 그의 작품을 실제 살아 있는 동물로 여긴다고 했어. 그래서 그의 작품 이름에는 모두 '동물'을 뜻하는 '아니마리스'라는 단어가 포함되어 있다고 했지.

"테오 얀센은 수백만 년에 걸쳐 진화해 온 벌레의 모습에 영감을 받아 컴퓨터로 가상 생명체를 만들기 시작했어. 그러다가 실제로 움직이는 기계 생물체를 만들게 된 거야."

"우와, 벌레처럼 생겼는데 크기는 공룡만 해요."

"이 작품은 길이가 12미터, 높이는 4미터란다. 크기가 공룡처럼 거대하지."

예술에서 과학으로, 과학에서 예술로!

"수많은 다리들은 어떻게 움직이는 거예요? 바람을 이용한 건가요? 페트병도 있고 종이도 있네요? 재활용품을 활용한 건가요?"

나는 수업이 정말 재미있었어. 그래서 계속해서 선생님께 질문을 많이 했지.

"바람이 불면 등지느러미 부분이 밀려 움직이면서 페트병의 공기를 압축시켜서 움직이는 힘을 얻는단다. 전기나 모터를 사용하지 않고 말이야."

"모빌처럼 공기의 힘으로 움직이는 거네요?"

"그렇지. 테오 얀센의 작품은 친환경 동력을 사용하고, 플라스틱이나 페트병 등의 재활용품을 이용해 유엔환경계획에서 '에코 아트 어워드'를 수상하기도 했단다."

테오 얀센의 작품은 정말 충격적이었어. 살아 있는 생명체가 움직이는 것 같았지. 나도 테오 얀센과 같이 멋진 작품을 만들 수 있을까? 이제 겨우 간단한 모빌 같은 것만 만들어 본 내가 오토마타에 예술성까지 갖춘 작품을 만드는 건 너무 어려운 일처럼 느껴졌어.

"기슬아, 나도 테오 얀센과 같이 멋진 작품을 만드는 훌륭한 사람이 될 수 있을까?"

"피노키오, 벌써 자신감을 잃은 거야? 기운 내."

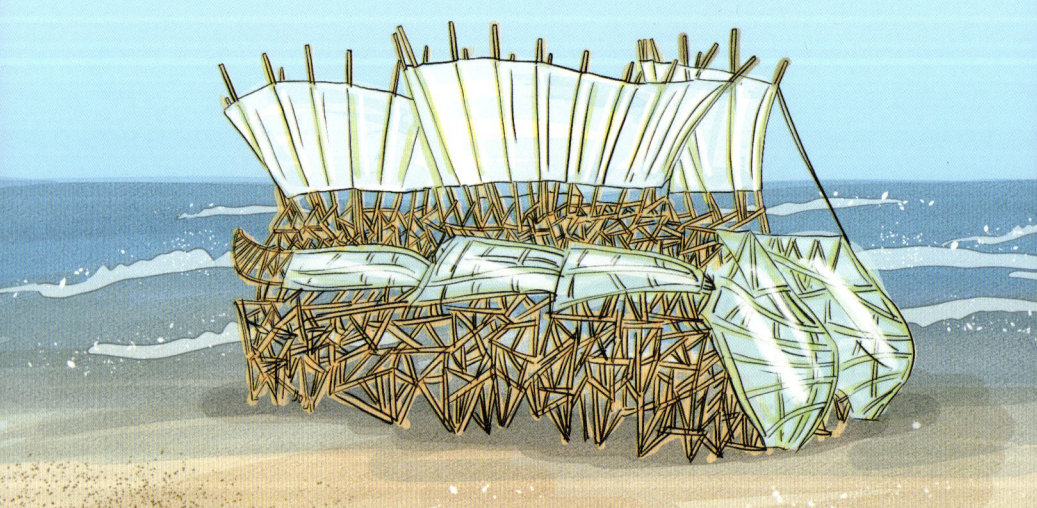

옆에 선생님께서도 싱긋 웃으며 이야기하셨어.

"피노키오, 우리는 모두 이곳에서 다양한 작품을 만나며 하나씩 배워가는 과정에 있단다. 예술, 기술, 과학, 공학을 모두 연결해서 작품을 만들 수도 있으니, 우선 흥미있는 것부터 천천히 시작해 보는 건 어떨까? 네게는 너를 응원하는 친구 기슬이도 있잖니?"

맞아. 나에게는 기슬이도 있고, 신명장 할아버지도 있고, 어디선가 지켜보고 계실 제페토 할아버지도 있으니까.

"그럼 전 모빌부터 만들어 볼래요. 쉬운 것부터 차근차근 하다 보면 언젠가는 근사한 작품을 만들 수 있겠죠?"

"네가 만들고 싶은 걸 자유롭게 만들어 보렴. 칼더가 가졌던 성실함을 본받아 노력하면 너의 꿈을 이룰 수 있을 거야."

키네틱 아트를 만나 볼래?

테오 얀센이 자신의 작품을 기계가 아닌 생물체로 여긴다고 한 거 기억하지? 그는 작품의 이름도 생물처럼 지었어. 그의 모든 작품의 이름에는 동물을 뜻하는 '아니마리스'라는 단어가 붙어 있지.

최초로 만든 작품의 이름은 '평범한 동물'을 뜻하는 '아니마리스 불가리스'야. 이후 '걷는 평범한 동물'이라는 뜻의 '아니마리스 쿠렌스 불가리스'를 만들었고, 이어서 '바람으로 걷는 동물'인 '아니마리스 쿠렌스 벤토사'가 탄생했어. 또 유전자처럼 동일한 모양으로 복제되는 여러 개의 동물도 만들었는데, 바로 '아니마리스 게네티쿠스'라고 이름 붙였어. '유전되는 동물'이라는 뜻이지.

테오 얀센은 점점 더 다양한 재료들을 사용하였고, 더 크고 거대한 오토마타를 만들었어. '어깨 달린 동물'이라는 뜻의 '아니마리스 우레루스'는 떡 벌어진 어깨를 자랑하지.

최근에는 뇌를 탑재해 판단을 내리는 지구상에 전혀 없던 또 다른 생명체를 만들어 낼 거라고 해. 테오 얀센의 다음 작품을 기대해 보자!

기슬이의 과학 뽐내기

아니마리스
쿠렌스 불가리스

아니마리스
쿠렌스 벤토사

모빌 오토마타 만들기

공기의 흐름에 따라 움직이는 모빌 오토마타를 만들어 네 방에 매달아 봐!

준비물

색종이, 실 또는 끈, 가위, 풀, 테이프 등

만드는 법

1. 색종이 5장에 동그라미 모양을 각각 하나씩 그린 뒤, 따라 오려 주세요.

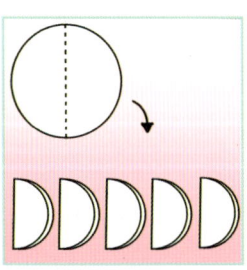

2. 자른 동그라미 모양을 모두 반으로 접어 주세요. 반달 모양이 될 거예요.

3. 반달 모양 뒷면에 풀칠을 해서 다른 반달 모양의 뒷면에 붙여 주세요. 모든 반달 모양을 같은 방법으로 이어 붙여 주세요.

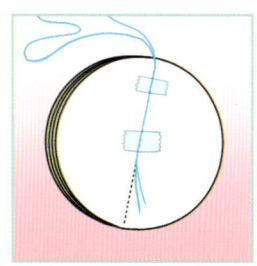

4. 마지막 면을 풀칠하기 전에 입체 도형의 가운데를 펼쳐서 실이나 끈을 접히는 부분에 놓고 테이프로 붙여 주세요.

5. 실이나 끈을 붙인 면 한쪽에 풀칠을 한 뒤 마저 붙여 주세요.

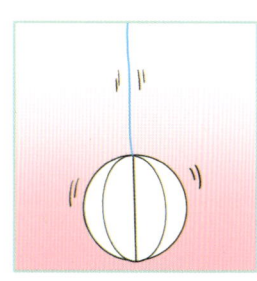

6. 차곡차곡 붙인 뒤, 다섯 갈래의 반달 모양을 비슷한 간격으로 벌려 주면 근사한 모빌이 완성되어요.

로봇의 미래는?

안녕, 난 휴보야!

신명장 할아버지는 로봇 공학자가 되고 싶은 기슬이를 위해 오래전부터 휴보와의 만남을 계획했다고 하셨어. 그리고 오늘이 바로 그날인 거야!

신명장 할아버지는 제페토 할아버지가 나무 토막을 깎아 나를 만들었듯이 인간은 끊임없이 자신과 닮은 무언가를 만들려고 노력해 왔다고 했어. 그렇게 해서 오토마타부터 휴보까지 탄생하게 된 거라고 했지.

휴보는 로봇 박사라고 불리는 우리나라의 오준호 박사님이 만드셨다고 했어. 2000년에 일본의 기업 혼다 회사가 선보인 세계 최초의 두 발 보행 로봇인 아시모를 본 뒤, 우리나라의 기술력으로 도전해서 성공했다고 했지. 오늘날 휴보는 아시모를 능가한 세계적인 인공지능 로봇으로 손꼽힌다고 했어.

"얼마 전에 내가 휴보의 컴퓨터에 로봇의 역사에 관한 데이터를 모두 넣어두었으니, 로봇에 관해 궁금한 게 있으면 휴보에게 물어보렴!"

"휴보, 앞으로 잘 부탁해."

기슬이는 휴보를 동경하는 눈빛으로 바라봤어. 쳇, 나도 그 정도는 할 수 있는데 말이야.

"나에 대해 좀 더 알려 줄게."

휴보는 큰 화면에 자신의 모습을 띄웠어.

"내 몸에는 컴퓨터가 있어서 여러 가지 명령을 수행할 수 있어. 너희가 질문하는 것에 대해 답할 수 있는 것도 모두 이 컴퓨터 때문이야. 또 눈의 역할을 하는 레이저 스캐너와 광학 카메라로 주변 사물과의 거리를 정확히 측정하고, 중앙 컴퓨터에 보내 빠르게 인식하고 판단할 수 있어. 또…….."

휴보의 자랑은 끝이 없었어. 물론 휴보는 자신을 소개했을 뿐이지만, 내게는 엄청난 자랑으로 느껴졌지. 쳇!

인간형 로봇, 아시모와 휴보

아시모 ♂

아시모는 세계에서 최초로 사람처럼 두 발로 걸을 수 있는 로봇이야. 아시모는 스스로 중심을 잡고 서고, 자유롭게 걸을 수 있어. 계단을 오르내릴 수도 있고, 빙글빙글 돌 수도 있지. 춤을 추고, 두 발로 동시에 점프하고, 심지어 발로 공을 차며 뛸 수도 있어. 물통의 뚜껑을 열어서 종이컵에 따를 줄도 알고, 수화도 할 수 있지. 양손과 양발을 마치 사람처럼 움직일 수 있는 로봇이야.

일본의 자동차업체 혼다는 1986년 이전부터 아시모 개발을 시작했어. 2005년에 아시모는 시속 6km로 뛸 수 있었고, 발로 공을 차기 시작했지. 2019년 무렵에는 양손과 양발을 자유자재로 사용할 수 있을 정도로 발전했어. 앞으로 또 얼마나 인간과 비슷한 로봇들이 등장하게 될까?

기슬이의 과학 뽐내기

휴보는 '휴머노이드'와 '로봇'의 합성어야. 카이스트 오준호 교수팀이 개발한 우리나라의 인간형 로봇이지. 휴보는 키가 120cm, 몸무게 55kg으로, 일곱 살 어린이 정도의 몸집이야.

휴보는 두 다리로 서서 걸을 수 있고, 관절 모터가 41개나 있어. 그래서 걷기, 계단 오르기, 장애물 피하기, 운전하기 등의 동작을 할 수 있지. 손가락 5개를 각각 따로 움직일 수 있어서 문 열기, 악수하기, 밸브 잠그기 등의 동작도 무리 없이 소화할 수 있어.

휴보와 같은 로봇을 지능형 로봇이라고 해. 지능형 로봇은 인간처럼 시각, 청각 등으로 외부의 정보를 받아 조건에 대입한 상황에 적절한 행동을 하는 로봇이야. 인간의 명령을 받아 그대로 행동하는 것이 기계라면, 지능형 로봇은 인간처럼 스스로 판단할 줄 아는 거니까 한층 더 발달한 거지.

휴보

내 능력을 보여 줄게

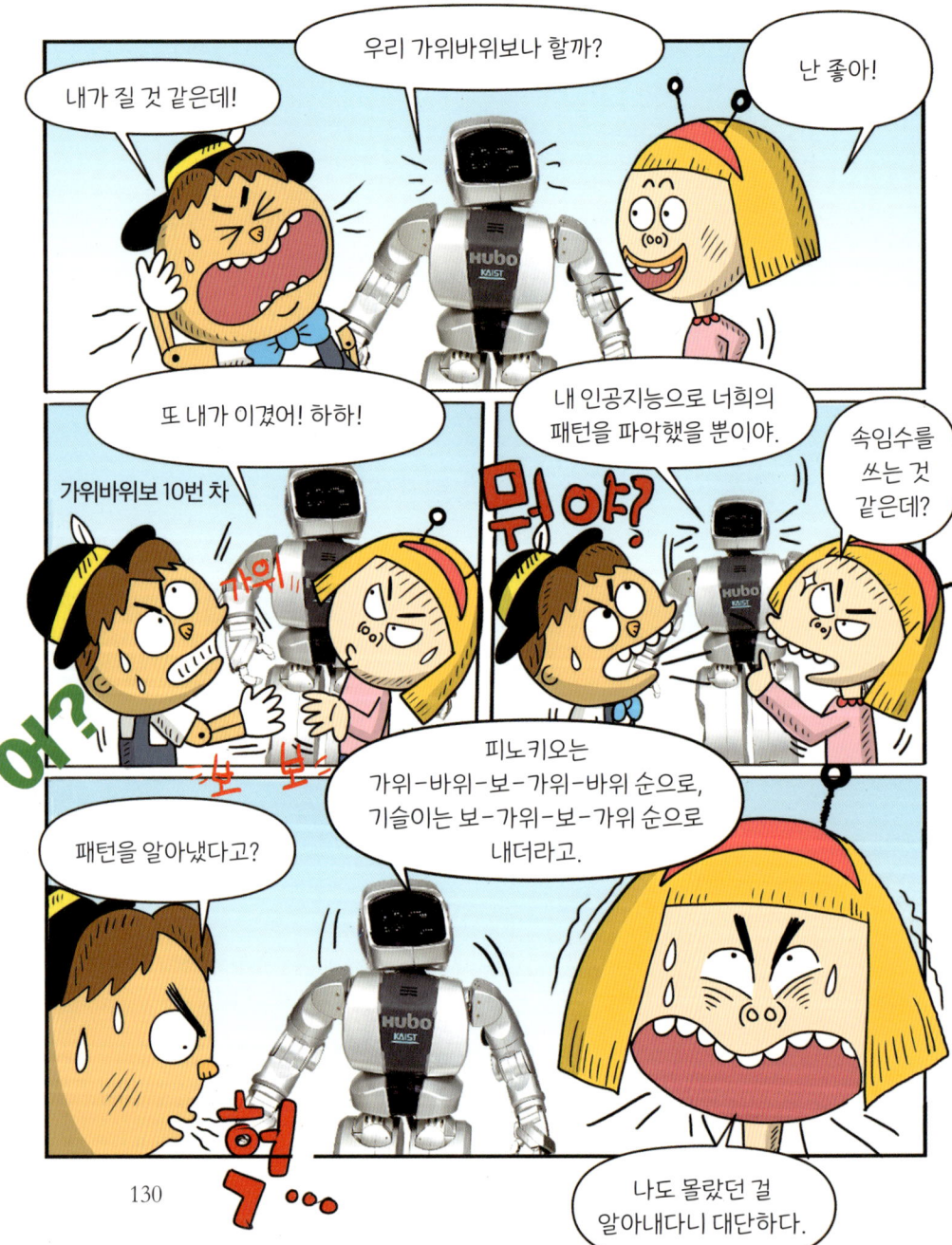

"허허. 친구들이 많이 모이니 시끌벅적하고 좋구나. 참, DRC 휴보야, 너는 여러 번 큰 상을 탔다고 하던데……."

"네, 신명장 할아버지. 저는 2015년에 미국 국방부에 속하는 방위고등연구계획국이 주최한 세계 재난 로봇 경진 대회에서 우승을 했어요. 또 2018년 평창 동계 올림픽에서 성화 봉송을 했죠."

"우와, 멋져, 멋져. 역시 내 친구!"

기슬이는 DRC 휴보를 엄청 자랑스러워했어. 나도 DRC 휴보가 자랑스러웠지만, 한편으로는 마음이 왠지 불편했어.

로봇이 하는 100가지 일

아침에 일어났는데 몸이 찌뿌둥했어. 사실 어제 휴보 친구들을 본 뒤부터 계속 힘이 없었어.

휴보 친구들은 모두 똑똑한 데다가 올림픽에서 성화도 들고 세계 대회에서 우승도 하고 실력이 쟁쟁했지. 반면에 난… 나무 인형에 로봇 다리에… 거울에 비친 내 모습이 한없이 초라해 보였어.

게다가 난 인간도 아니고, 오토마타도 아니고, 로봇도 아니고……. 내가 무엇인지 혼란스러워졌어.

휴보와 같은 인간형 로봇이 나오기 전, 로봇은 산업 현장에서 처음 사용되기 시작했대.

세계 최초의 산업용 로봇은 미국에서 개발한 유니메이트였어. 유니메이트는 자동차 회사인 제너럴 모터스에서 자동차 부품을 이동시키거나 용접하는 일을 했지. 기존에 사람이 하던 일을 로봇이 대신하기 시작한 거야.

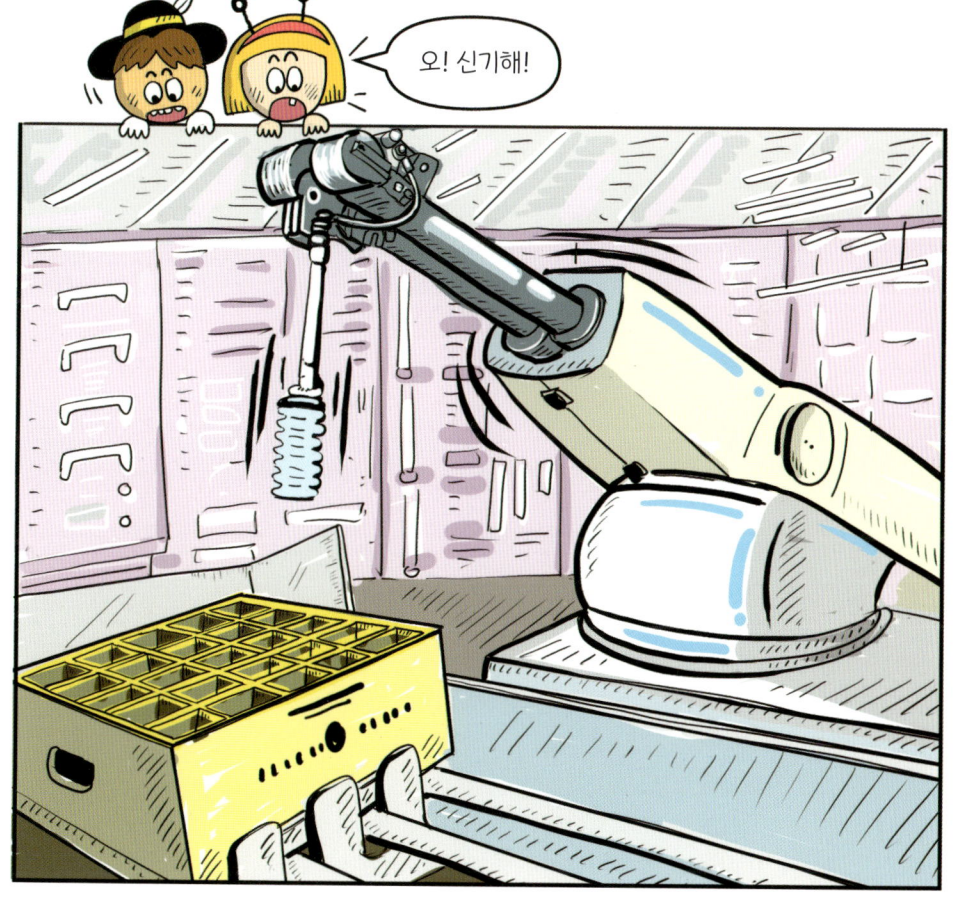

"우와! 공장에서 일하던 로봇이 두 발로 걷는 로봇으로까지 발전한 거네요."

"그렇지. 우리에게도 귀여운 강아지 로봇 루피가 있고 내 입맛에 딱 맞는 커피를 타 주는 로봇도 있고 말이야. 이젠 휴보까지! 정말 다양해졌지."

"가정에서도 로봇이 필수가 되었잖아요. 청소를 하는 로봇도 있고, 혼자 사는 사람에게 친구가 되어 주는 로봇도 있고요. 또 노인의 건강 상태를 체크하는 로봇도 있잖아요."

"허허, 우리 기슬이가 이제 로봇 박사가 다 되었구나."

"건강까지 체크한다고요?"

"그렇단다. 휴먼케어 인공지능 로봇은 약을 먹어야 하는 시간을 알려 주고 평소에 자주 사용하는 물건을 어디에 두었는지 알려 주기도 하지. 또 몸이 불편한 환자들과 노인들의 이동을 도와주고 보살피는 역할을 한단다."

아이들의 돌봄과 교육에 이용되는 로봇도 있다고 했어. 로봇이 동화를 들려주기도 하고 어린이들과 대화를 주고받으며 춤을 출 수도 있대.

최근에는 우주 로봇도 활동하고 있다고 했어. '범블'이라는 이름의 우주 로봇은 인간이 없는 동안 우주 기지에서 공간을 깨끗이 청소하고 기기의 작동 기능을 유지하는 작업을 담당한다고 했지.

"할아버지, 저는 제 이야기를 잘 들어줄 친구 로봇을 만들 거예요. 그리고 할아버지의 친구가 될 로봇도 만들어 드릴게요."

"하하! 기슬이가 개발할 로봇을 만날 생각을 하니 벌써부터 흐뭇하구나."

신명장 할아버지는 내가 원하면 언제든지 휴보처럼 바뀔 수 있다고 했어. 얼마나 행복하고 멋진 일이야! 그런데 왠지 모르게 마음에 걸리는 게 많았어.

　로봇이 되면 지금까지의 내 모습은 완전히 사라지고 마음도 없어지는 거니까. 제페토 할아버지를 기억한다고 해도 마음으로 사랑하고 그리워하는 건 영영 없어질 거야. 그리고 기슬이와 신명장 할아버지를 사랑하는 마음도 사라지겠지. 키네틱 예술 학교에도 다닐 필요가 없을 테고. 그럼 새로 사귄 학교 친구들도 만날 수 없겠지.

　갑자기 머릿속이 복잡해졌어.

내가 눈을 떴을 때의 감동을 잊을 수 없다는 신명장 할아버지의 말에 가슴이 따뜻해졌어. 할아버지와 기슬이를 만나고, 키네틱 예술 학교에 가고, 오토마타와 로봇에 대해 배우고, 그러면서 처음으로 오토마타 디자이너와 로봇 공학자가 되고 싶다는 꿈을 꾸게 되었지.

지난 내 모습이 하나둘 선명하게 떠올랐어. 게다가 제페토 할아버지라니. 제페토 할아버지도 나를 만들고 나서 감동했을 걸 생각하니 가슴이 먹먹했어.

"피노키오야, 인간은 인간대로, 로봇은 로봇대로 다 나름의 장점이 있고 능력이 있단다."

"답답해! 너의 매력을 그렇게 모르겠니?"

오직 하나뿐인 피노키오

신명장 할아버지는 자신을 사랑하는 방법을 깨닫는 것이 삶에서 가장 중요한 일이라고 했어.
"피노키오, 우리가 너를 사랑하는 것은 네가 피노키오이기 때문이란다. 기슬이는 기슬이어서, 그리고 나는 신명장이서, 그 자체로 사랑받을 자격이 충분하지. 허허!"

할아버지의 말이 조금은 어려웠지만, 할아버지가 나를 사랑하는 마음이 느껴졌어.

"로봇은 분명 인류에게 도움이 되는 존재란다. 로봇은 로봇답게 자신의 역할을 충실히 할 뿐이지. 로봇이 되는 것보다는 너만이 할 수 있는 역할을 찾아보는 건 어떨까? 진정한 너의 꿈을 이루는 일 말이다!"

"나의 꿈이요? 오토마타 디자이너, 로봇 공학자?"

할아버지는 내가 인간에게 더 유익한 로봇을 만들면 좋겠다고 말씀하셨어.

로봇의 제3원칙

"인간들은 미래에 로봇이 인간을 지배할지도 모른다는 두려움을 오랜 시간 갖고 있기도 했단다. 이에 관한 영화도 많이 만들어 왔지."

할아버지가 우리에게 영화를 보여 주며 말씀하셨어. 영화였지만 무서웠어. 로봇이 인간 세상을 지배하게 되는 내용이었거든.

"걱정 마. 이건 영화일 뿐이잖아!"

방금 전까지 크게 비명을 지르며 영화를 보던 기슬이가 태연한 척 나를 안심시키며 이야기했어.

"허허. 영화일 뿐이지만, 미래에는 현실이 될 수도 있지."

"뭐라고요? 그건 절대 안 돼요!"

"맞아요. 로봇은 우리의 친구인데, 친구와 싸울 수는 없잖아요!"

"우리 피노키오와 기슬이가 이 세상을 지켜 주겠는걸. 오늘은 아이작 아시모프의 이야기를 들려주어야겠구나."

"알아요. 로봇에 관한 이야기를 쓴 사람이잖아요."

"허허! 우리 기슬이가 잘 알고 있구나."

아시모프는 1940년대에 로봇에 관한 이야기를 9편이나 썼다고 했어. 1950년에는 9편의 이야기를 모아서 『아이 로봇』이라는 책을 출간했지. 이 책에서 로봇은 인간을 대신해서 힘든 작업장에서 묵묵히 일을 하고, 또 가정에서 해야 하는 일도 대신해 준다고 했어.

"아시모프는 로봇의 제3원칙도 제시했단다."

"로봇의 제3원칙이라고요?"

"아시모프는 로봇이 인간의 삶을 윤택하게 함을 강조하면서도 미래의 위험성을 생각했지. 그래서 1941년에 『라이어』라는 소설에서 인간이 로봇을 만들 때 지켜야 할 제3원칙을 제시했단다. 1985년에 발간한 『로봇과 제국』에서는 제3원칙보다 우선순위가 높은 제0원칙을 추가했지."

아시모프가 제시한
로봇의 제0원칙과 제3원칙

제0원칙. 로봇은 인류에게 해를 가하는 행동을 하지 않음으로써 인류에게 해가 가도록 해서는 안 된다.

제1원칙. 로봇은 인간에게 해를 끼쳐서는 안 되며, 위험에 처해 있는 인간을 내버려두어서도 안 된다.

제2원칙. 제1원칙에 위배되지 않는 경우, 로봇은 인간의 명령에 반드시 복종해야 한다.

제3원칙. 제1원칙과 제2원칙에 위배되지 않는 경우, 로봇은 자기 자신을 보호해야 한다.

"최근에는 로봇의 제3원칙을 바탕으로 로봇 윤리가 강조되고 있단다. 로봇 때문에 발생할 수 있는 미래의 위험을 미리 막고 규제하기 위한 것이지."

할아버지는 우리가 휴보와 같은 로봇을 만드는 이유는 인간을 위한 것이라고 했어. 미래의 로봇은 스스로 상황을 판단할 수도 있지만, 어디까지나 인간에게 도움이 되는 일을 하기 위해서 만들어진 것이라고 알려 주셨어.

오준호 박사님의 말처럼 무엇보다 '인간은 인간답게, 로봇은 로봇답게'라는 원칙만 지키면 인간은 로봇과 함께 더 편리한 삶을 살 수 있다고 하셨어.

"이제 알겠어요. 인간이 로봇처럼 되어서도 안 되고, 로봇이 인간처럼 되어서도 안 되는 거네요."

"모두 저마다의 역할을 하는 것이 가장 중요한 거란다."

휴보와 오준호 박사

로봇 윤리 헌장

1장. 목표: 로봇 윤리 헌장의 목표는 인간과 로봇의 공존공영을 위해 인간 중심의 윤리 규범을 확인하는 데 있다.

2장. 인간, 로봇의 공동 원칙: 인간과 로봇은 상호간 생명의 존엄성과 정보, 공학적 윤리를 지켜야 한다.

3장. 인간 윤리: 인간은 로봇을 제조하고 사용할 때 항상 선한 방법으로 판단하고 결정해야 한다.

4장. 로봇 윤리: 로봇은 인간의 명령에 순종하는 친구, 도우미, 동반자로서 인간을 다치게 해서는 안 된다.

5장. 제조자 윤리: 로봇 제조자는 인간의 존엄성을 지키는 로봇을 제조하고 로봇 재활용, 정보 보호 의무를 진다.

6장. 사용자 윤리: 로봇 사용자는 로봇을 인간의 친구로 존중해야 하며 불법 개조나 로봇 남용을 금한다.

7장. 실행의 약속: 정부와 지자체는 헌장의 정신을 구현하기 위해 유효한 조치를 시행해야 한다.

"전 피노키오로 남을래요. 저는 세상에서 유일한 존재니까요."

기슬이는 환호성을 질렀어. 신명장 할아버지도 흐뭇한 미소를 지으셨지.

신명장 할아버지가 말씀하신 '인간은 인간답게, 로봇은 로봇답게'란 말을 듣고, 나의 존재를 다시 생각해 보게 되었어. 피노키오로 태어났으면 피노키오답게 사는 게 가장 멋진 삶이지 않을까? 그렇게 사는 게 제페토 할아버지도 기뻐하시는 모습이지 않을까 싶었어.

"허허! 네가 너 자신을 사랑하는 법을 깨달을 줄 알았단다. 너는 피노키오니까 말이다. 세상에서 너만큼 귀엽고 사랑스러운 존재는 없지."

"맞아요, 할아버지. 누구도 피노키오를 대신할 순 없어요."

"저는 피노키오로 남아서 기슬이와 함께 인간에게 도움이 되는 착한 로봇을 만들 거예요. 세상 사람들을 즐겁게 할 키네틱 아트 작품도 만들 거고요. 무엇보다 우주 로봇을 만들어 다 함께 우주 여행을 가고 싶어요!"

"피노키오 덕분에 우주 여행도 가게 되겠구나. 우리 함께 세상을 더 아름답게 할 로봇을 만들어 보자."

기슬이의 과학 뽐내기

로봇의 기능

로봇은 '인지, 처리, 동작'이라는 3단계로 제어해. '인지' 단계에서 센서와 입력 장치를 통해서 정보를 인식하면, 해당 정보가 프로그램을 거치면서 정해진 조건에 따라 어떻게 처리할지 결정하지. '동작' 단계에서는 로봇의 관절과 장치를 움직여서 특정 좌표로 이동할 수 있게 해.

로봇을 이용하기 위해서는 미리 컴퓨터가 이해하는 언어로 처리할 방식과 절차를 입력해야 하는데 이를 프로그래밍이라고 해. 프로그래밍이란 계획하는 것, 어떤 행동을 하도록 조정한다는 뜻이야. 프로그램에 따라서 판단하고 움직이게 되는 거지.

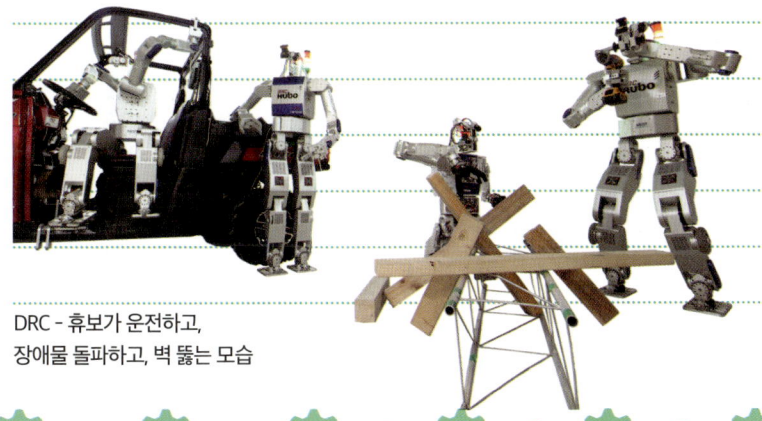

DRC - 휴보가 운전하고,
장애물 돌파하고, 벽 뚫는 모습

기슬키움 연구소 오픈 데이

오늘은 신명장 할아버지가 우리 연구소를 처음으로 방문하시는 날이야. 기슬이와 나는 지금까지 우리가 만든 오토마타를 보여드릴 생각에 한껏 들떠 있어.

"짜잔, 할아버지! 피노키오와 제가 만든 오토마타예요. 어때요?"

할아버지는 눈을 크게 뜨고 보시더니, 박수를 치시면서 말씀하셨어.

"오! 정말 대단하구나! 그동안 오토마타에 대해서 가르친 보람이 있구나. 허허허. 너희 둘 다 솜씨가 정말 좋은데?"

나는 칭찬을 받고 기분이 좋아졌어. 기슬이도 눈빛이 반짝반짝해지면서 싱글벙글 웃었지. 나는 할아버지께 앞으로 더 다양하고 발전된 오토마타를 만들어 보고 싶다고 말씀드렸어.

"그렇다면 오토마타보다 한층 더 업그레이드된 로봇을 만들어 보는 건 어떠니?"

"저희가 로봇을 만든다고요?"

나는 믿기지 않았어. 그리고 동시에 정말 설렜어. 내가 로봇을 만든다니!

"그래. 우선 너희가 꿈꾸는 로봇을 그려 보거라. 상상이 시작이란다!"

로봇×피노키오

1판 1쇄 펴냄 | 2022년 6월 25일
1판 3쇄 펴냄 | 2024년 3월 4일

글 | 국립과천과학관 박진녕
그림 | 김정진
발행인 | 김병준
편집 | 박유진·김리라
마케팅 | 김유정·최은규
디자인 | 최초아·권성민
발행처 | 상상아카데미

등록 | 2010. 3. 11. 제313-2010-77호
주소 | 서울시 마포구 독막로6길 11, 우대빌딩 2, 3층
전화 | 02-6953-7790(편집), 02-6925-4188(영업)
팩스 | 02-6925-4182
전자우편 | main@sangsangaca.com
홈페이지 | http://sangsangaca.com

ISBN 979-11-85420-12-3 74400
ISBN 979-11-85402-40-6 74400 (세트)

잘못 만들어진 책은 구입하신 서점에서 교환해 드립니다.

※본 책에 사용한 사진의 저작권은 셔터스톡, 위키미디어 공용, 테오 얀센 공식 홈페이지, 레인보우로보틱스에 있습니다.